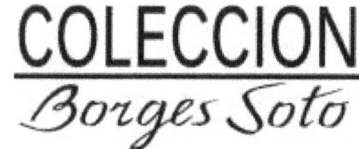

La Figura en Movimiento

La Anatomía Humana

Proyecto de Arte

Roland Borges Soto M Ed.

Estimado entusiasta del arte:

Bienvenido a una nueva experiencia en la Colección Borges Soto. Todos nuestros libros de arte están cuidadosamente diseñados para ofrecer largas horas de sano entretenimiento y satisfacer la experiencia del aprendizaje.

Colección Borges Soto sabe que los artistas están en incesante desarrollo e interesados por aprender y mejorar sus habilidades y talentos. Cada publicación expandirá tus horizontes en el dibujo y la pintura y fortalecerá tus destrezas como artista.

Nuestro propósito principal con esta colección es proveer libros instruccionales para que puedas por ti mismo crecer artísticamente si es que no tienes la oportunidad de tomar clases de arte privadas o visitar algún taller de arte en tu comunidad.

Mis mejores deseos y éxito,

Roland Borges Soto E Md.
Artista y Profesor

Está prohibido reproducir el contenido de este libro en parte o en su totalidad para uso comercial sin el debido consentimiento por escrito del autor o la casa editora. Fotografía de dominio público cortesía de PEXELS.com

Todos los Derechos Reservados.

ISBN- 13: 978-1987431247

ISBN- 10: 1987431243

Publicación Centro de Arte © 1982-2018 Derechos Reservados

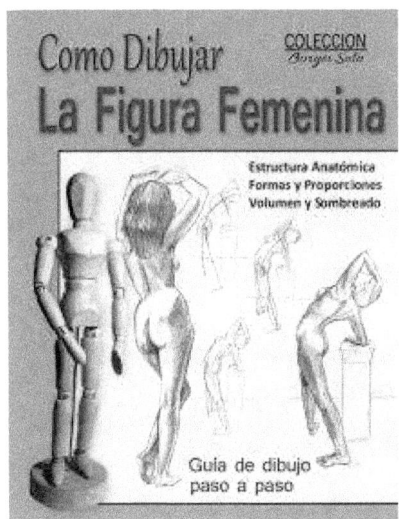 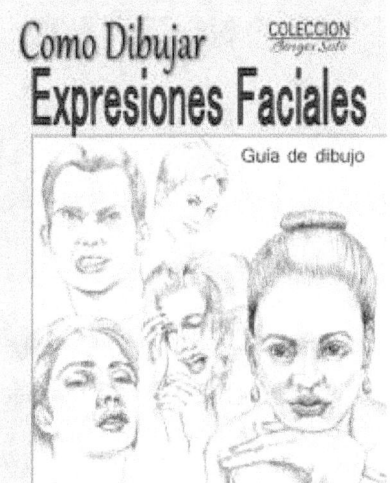 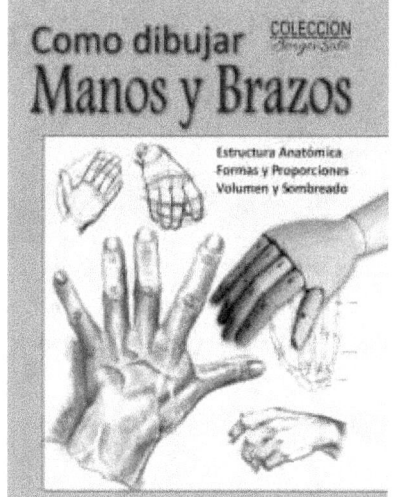

Este libro tiene como objetivo facilitar el estudio de la figura humana, especialmente como dibujar poses y movimientos naturales del cuerpo. En volúmenes anteriores tratamos las partes, proporciones y forma de dibujar el cuerpo humano, los que puedes usar como referencia si eres un entusiasta de dibujar retratos y figuras de personas. Cada tema es tratado por separado para que puedas entender y completar tus dibujos satisfactoriamente.

Colección Borges Soto ha seleccionado modelos sencillos y diagramas simples para explicar las poses y la acción de mover el cuerpo. Utilizamos un método simplificado que ha sido cuidadosamente puestos a prueba con el que podrás completar tus dibujos con magníficos resultados.

Cada libro está diseñado tanto para el aprendizaje formativo como para proporcionar horas de sano entretenimiento y diversión mientras desarrollas tus habilidades para dibujar las expresiones humanas.

MATERIALES QUE PUEDE NECESITAR

Estos y otros materiales para dibujo puede conseguirlos en su suplidor de equipo de arte más cercano, donde de seguro le explicarán con mucho gusto cómo utilizarlos. No es necesario el uso de materiales especializados, puede sustituirlos por los que tenga en tu casa. Puede usar un lápiz escolar número 2 que equivale a un lápiz de dibujo HB, papel suelto sin líneas o cartulina, cualquier goma de borrar, una regla, sacapuntas o cuchilla, papel de lija fina como afilador, servilleta como difuminador o un palillo de algodón y laca de pelo por el fijador de dibujo.

¿QUÉ VAS A APRENDER DE ESTE LIBRO?

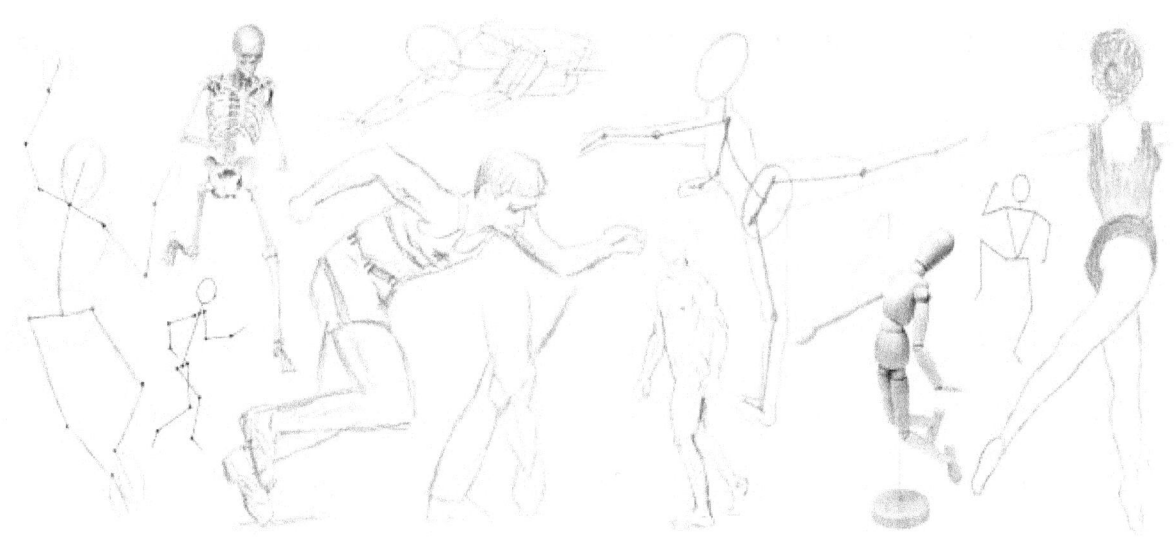

En este libro aprenderás a dibujar la estructura básica de cada una de las partes del cuerpo y a identificar diferentes poses, movimientos y expresiones del mecanismo humano.

Conocerás los músculos y articulaciones que se disponen para producir distintas expresiones corporales.

Podrás dibujar personas corriendo, saltando, bailando, caminando, jugando y practicando deportes entre otras posturas anatómicas.

Identificarás las diferencias entre el movimiento explícito y el movimiento implícito además de otras actividades humanas copiando los ejemplos y modelos que te presentamos en este libro. Aprenderás diversas técnicas y sugerencias para mejorar tus propios trabajos.

INTRODUCCIÓN

En volúmenes anteriores hemos trabajando la figura humana y estudiado lo suficiente para entender las proporciones básicas y las diferencias entre las edades y el sexo. Nunca entenderemos el comportamiento del cuerpo humano del todo, siempre habrá algo nuevo que aprender. Después de conocer a cabalidad la estructura básica del cuerpo debemos intentar dibujar personas en movimiento. No es necesario comenzar con poses en acciones muy violentas, te aconsejo iniciar con movimientos naturales, un cambio de posición del cuerpo, de brazos y de piernas que ocurren constantemente en las actividades del diario vivir. En las próximas páginas intento motivarte a dibujar personas ejecutando movimientos naturales. Por supuesto que es muy difícil dibujar una figura en movimiento del natural, en este libro quiero que observes algunos dibujos de personas en actividades comunes.

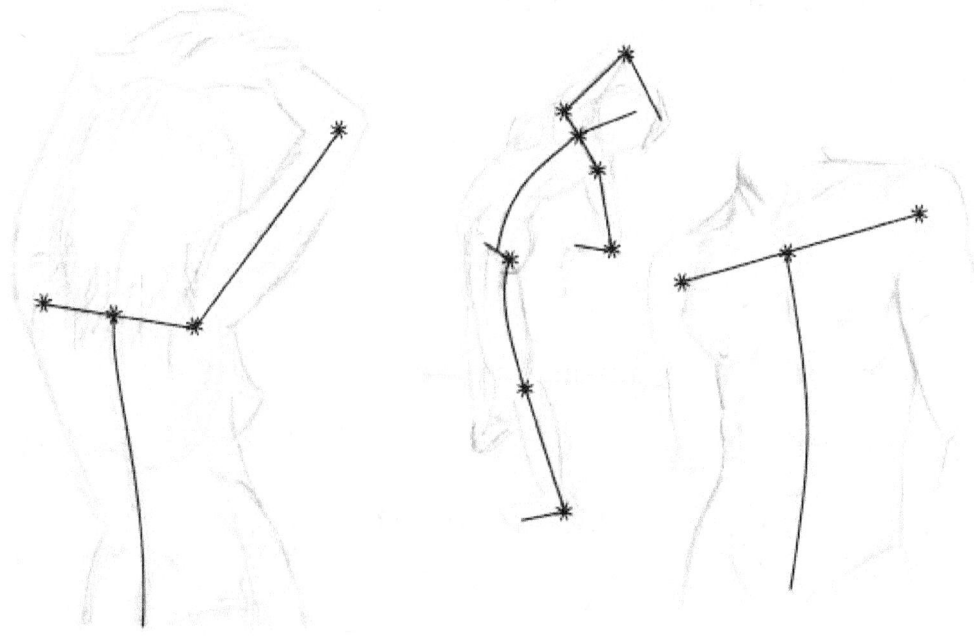

La cámara puede capturar o congelar algunos movimientos violentos y muchas veces puede ayudarte a entender como actuaron las partes del cuerpo. Te aconsejo a no copiar literalmente la imagen de la fotografía siéntete libre de añadirle el realismo que la cámara no puede capturar.

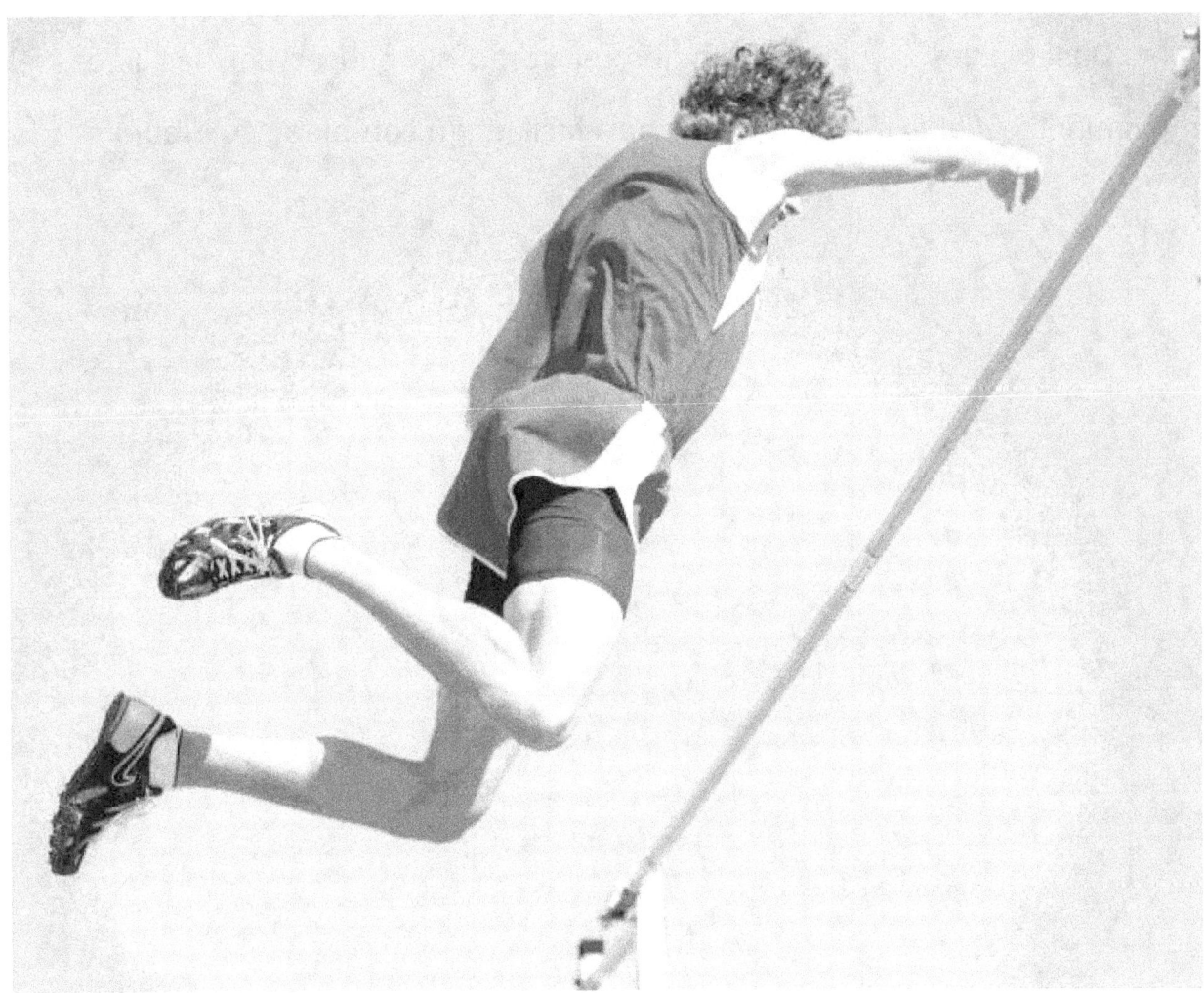

Cuando observes tu modelo primero pon atención en la total disposición de la figura en movimiento independientemente de los detalles, porque ni una nariz, oreja o boca afectará esencia de la acción.

Si tienes la suerte de tener alguien que te modele, aprovecha y dibuja la mayor cantidad de poses en movimiento que puedas. Trabaja bocetos rápidos comenzando con líneas que sugieran el movimiento que luego puedas completar de memoria. Mientras mayores intentos hagas cambiando los movimientos, mejores dibujos lograrás al final del día.

Observa los siguientes dibujos, el cómo simplificar con las líneas el movimiento *(dibujo de palito)* hace más fácil luego completar tu dibujo.

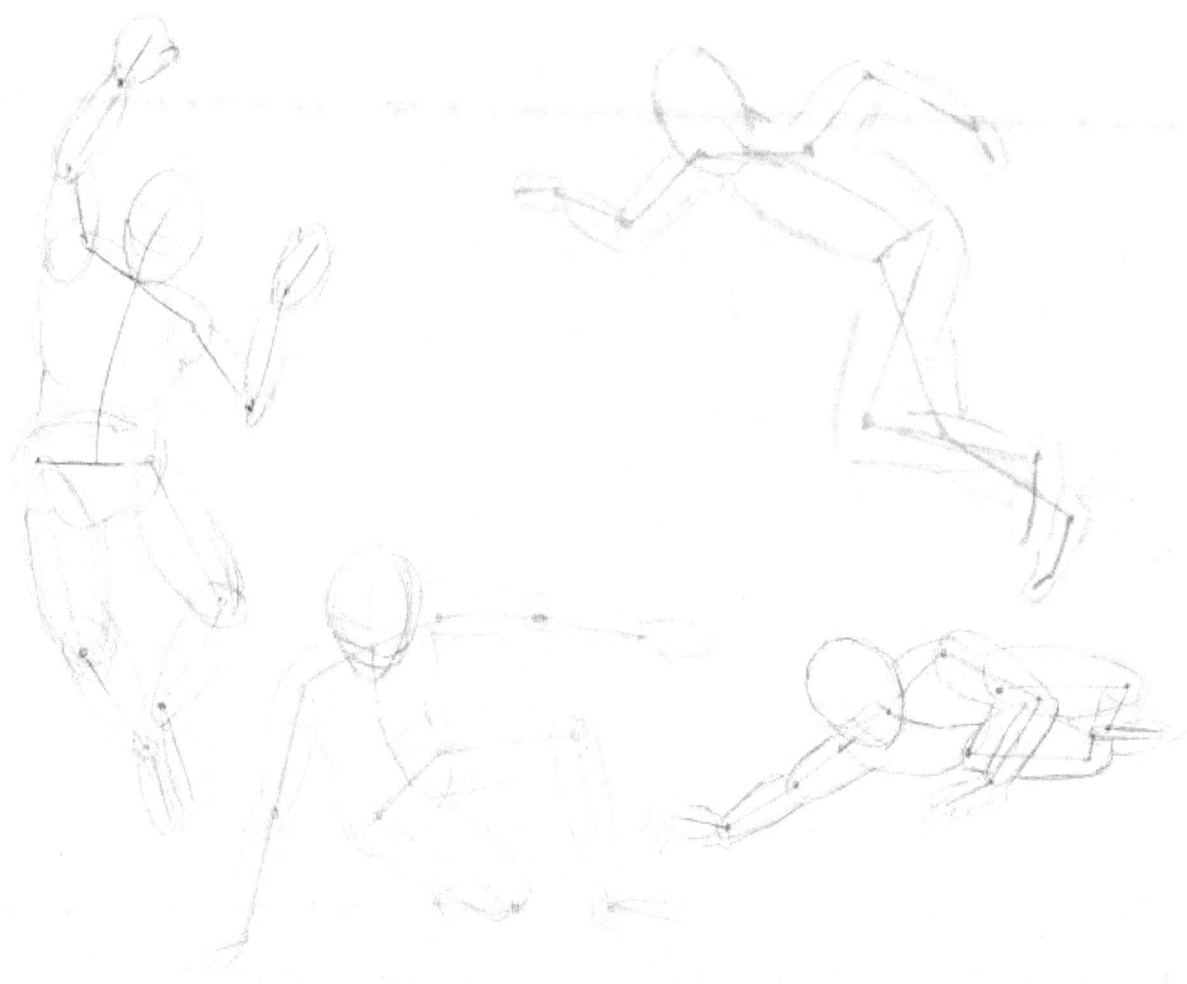

BALANCE Y EQUILIBRIO

El conocimiento de la estructura y composición del cuerpo humano son la base para que el artista pueda expresar el movimiento en sus dibujos. El equilibrio de masas (*cabeza, espalda, cadera, extremidades*) y el conocimiento de los movimientos (*giro, traslación*) serán los elementos que nos ayudarán a expresar el movimiento en nuestro dibujo.

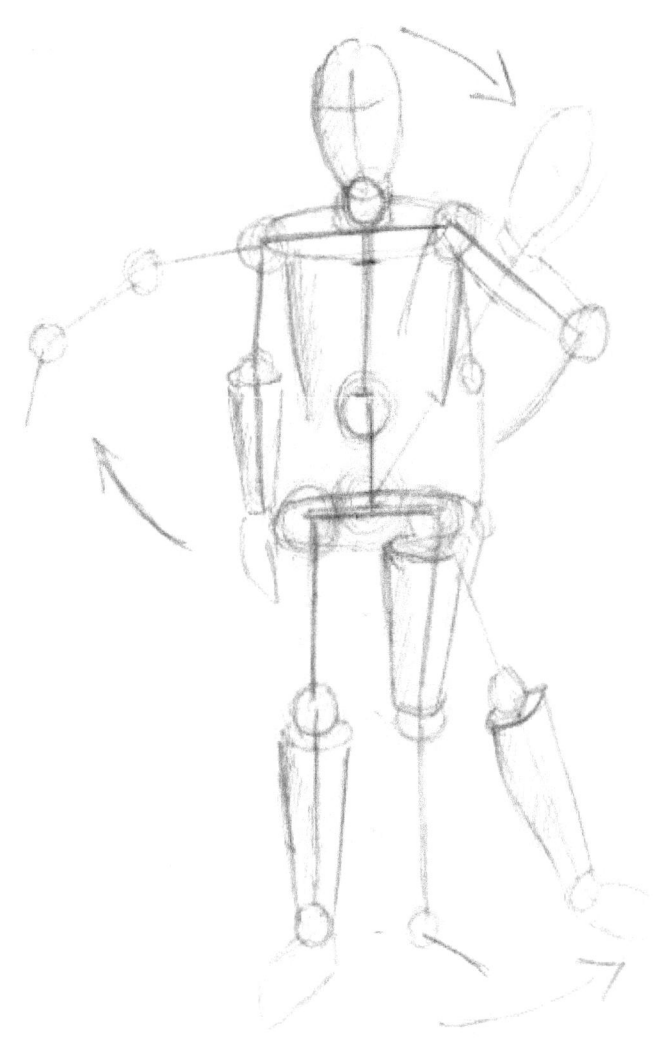

Trazar las líneas de los ejes y estructura ósea (*dibujo de palito, ejes, óvalos, triángulos, etc...*) nos ayudará a la composición, será el comienzo de nuestro boceto, sin miedo a las correcciones necesarias buscando conseguir una forma compositiva equilibrada del modelo. Para lograr la naturalidad en nuestro dibujo debemos conocer algo sobre los planos anatómicos y los movimientos articulares.

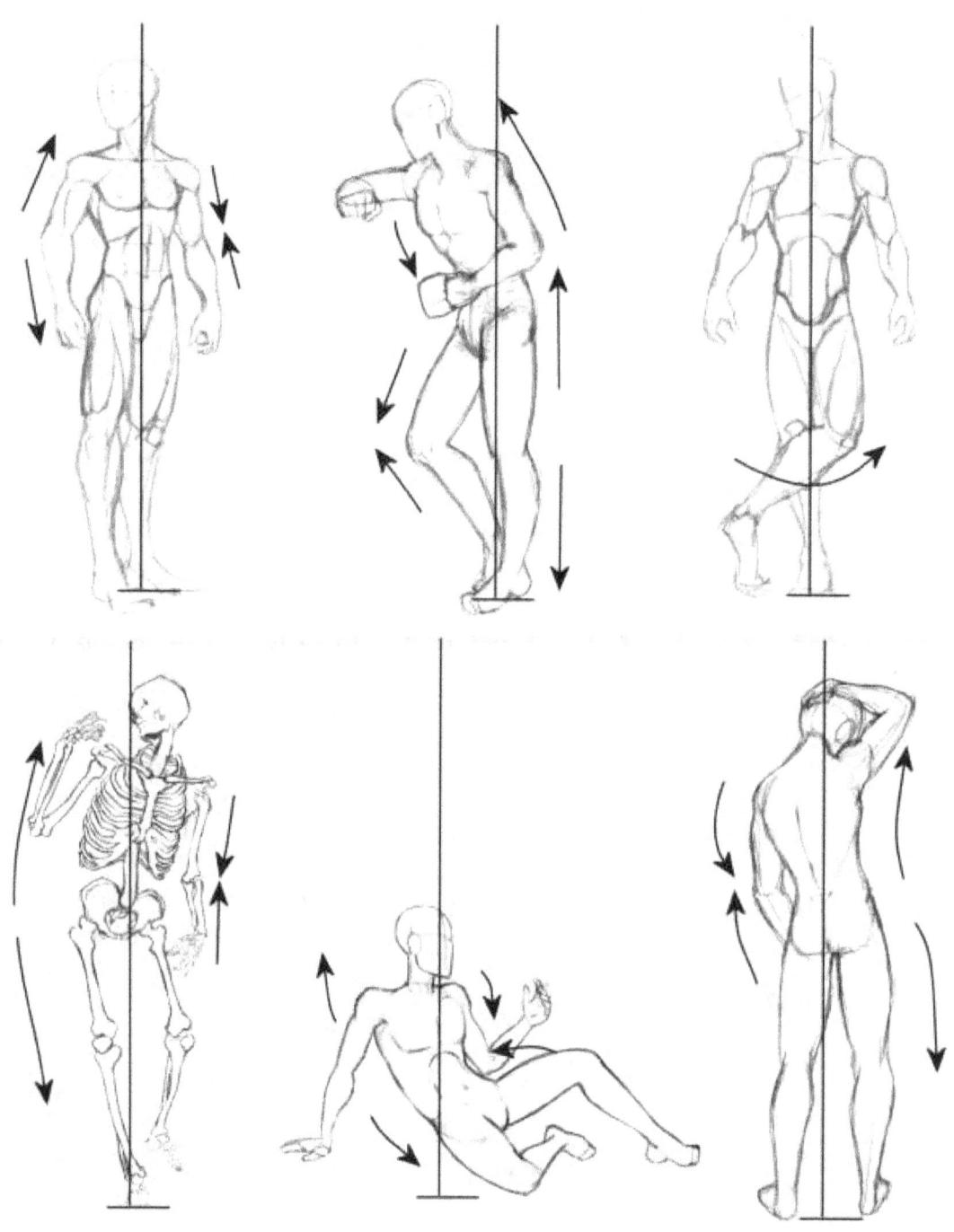

Para mantenerse en pie el cuerpo sin un punto de apoyo éste debe balancear su peso alrededor de un centro de gravedad. En la ilustración podemos ver los movimientos compensatorios que asume el cuerpo para sostenerse. Las flechas nos indican cómo unas partes del cuerpo se contraen y otras se estiran a estos fines.

PLANOS ANATÓMICOS

Iniciaremos su estudio desde una posición inicial, la llamada posición anatómica donde el cuerpo está parado de frente con los pies juntos y con los brazos extendidos, dónde distinguiremos sus planos y ejes para orientarnos en el espacio. Analizaremos los ejes y planos de los movimientos, observando tres planos: el sagital, el frontal (*coronal*) y el transversal (*axial*) y tres ejes: el antero-posterior (*dorso* posterior), el longitudinal (*latero* lateral) y el transversal (*craneocaudal*).

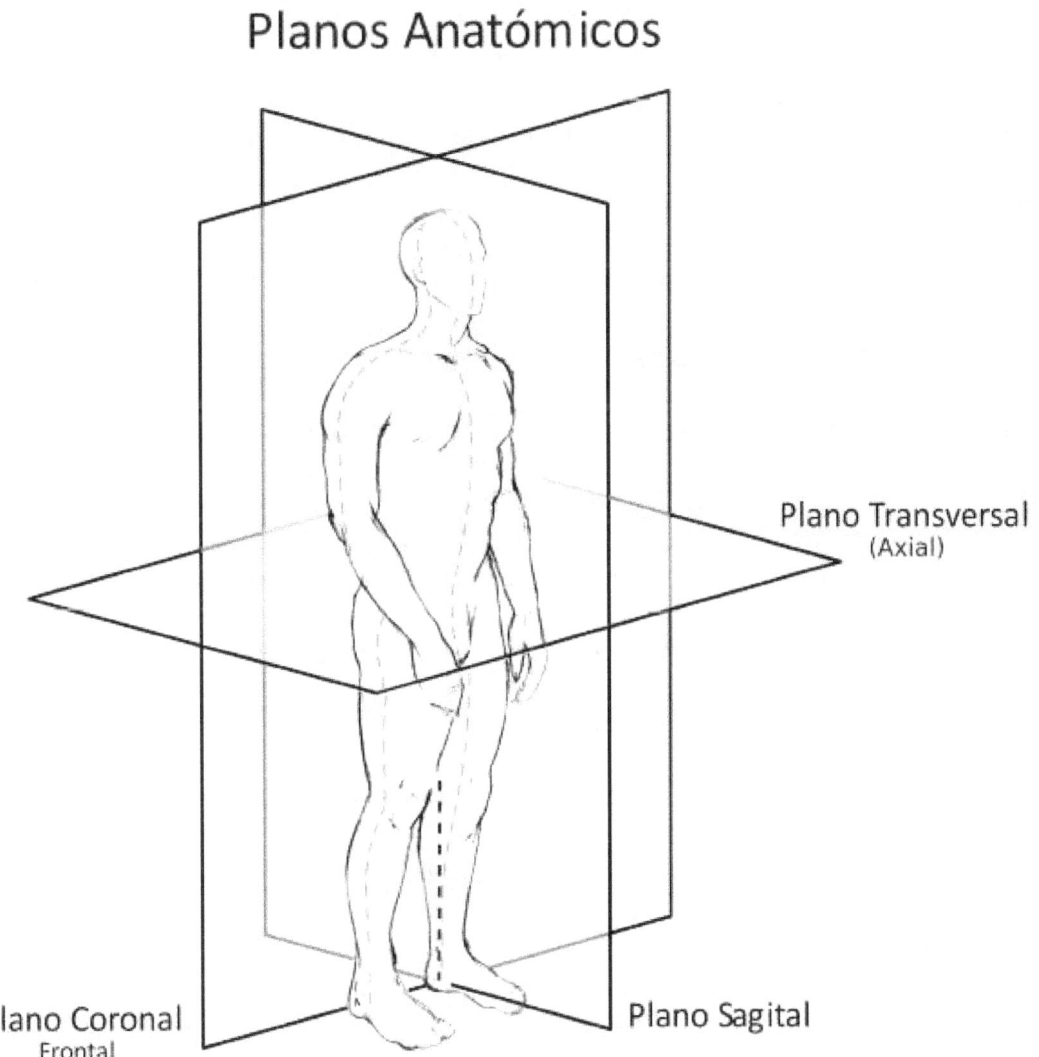

De esta manera podemos identificar la posición del cuerpo en el espacio y el lugar desde dónde lo observamos (*punto de vista*), si es de frente, de espaldas o de un lateral; así como los diferentes movimientos y en qué plano se realizan. Además podemos observar el centro de gravedad, muy importante en la estabilidad de nuestros movimientos en el espacio y tiempo como veremos más adelante.

El plano frontal es el que divide el cuerpo en mitad anterior y mitad posterior. Es el plano en que se realizan los movimientos visibles de frente o de espaldas. Si inclinamos nuestro cuerpo hacia la derecha o izquierda el movimiento está dentro del plano frontal (*inclinación lateral*). Igual si levantamos brazos y piernas alineadas con nuestro cuerpo (*abducción y aducción*).

El plano sagital es el que divide el cuerpo en lado derecho y lado izquierdo. Es el plano en que se realizan los movimientos visibles de perfil. Si desplazamos alguna región de nuestro cuerpo hacia delante de la pose anatómica (*flexión*) o si la desplazamos hacia atrás (*extensión*).

El plano transversal es el que divide el cuerpo en parte superior y parte inferior. Es el plano en el que ocurren los movimientos que son visibles desde arriba o desde abajo. Si giramos nuestra cabeza o nuestro cuerpo desde la cadera hacia la derecha o izquierda (*rotación externa*). Cuando el movimiento es en el hombro o el antebrazo (*rotación interna*).

En realidad la mayoría de los movimientos del cuerpo ocurren casi siempre en planos mixtos. Estos tres planos nos sirven de referencia para describir los desplazamientos del modelo.

Los movimientos de la columna vertebral, laterales, hacia atrás, hacia delante y en rotación se ejecutan en los tres planos. Estos movimientos pueden comprometer toda la columna o sólo parte de ella. Analicemos estos movimientos siguiendo el eje de la columna de abajo hacia arriba empezando por la región lumbar. Observe las postura de ejemplo (*pueden variar según la pose*) en la próxima ilustración que resumen estos movimientos. Claro está que estas no son las únicas posturas del modelo que cumplen con estos movimientos. Las poses pueden incluir otros movimientos de las extremidades (*articulaciones en brazos y piernas*) e incluso ser mucho más forzadas dependiendo de la flexibilidad de la columna vertebral del modelo.

Movimientos de la columna vertebral

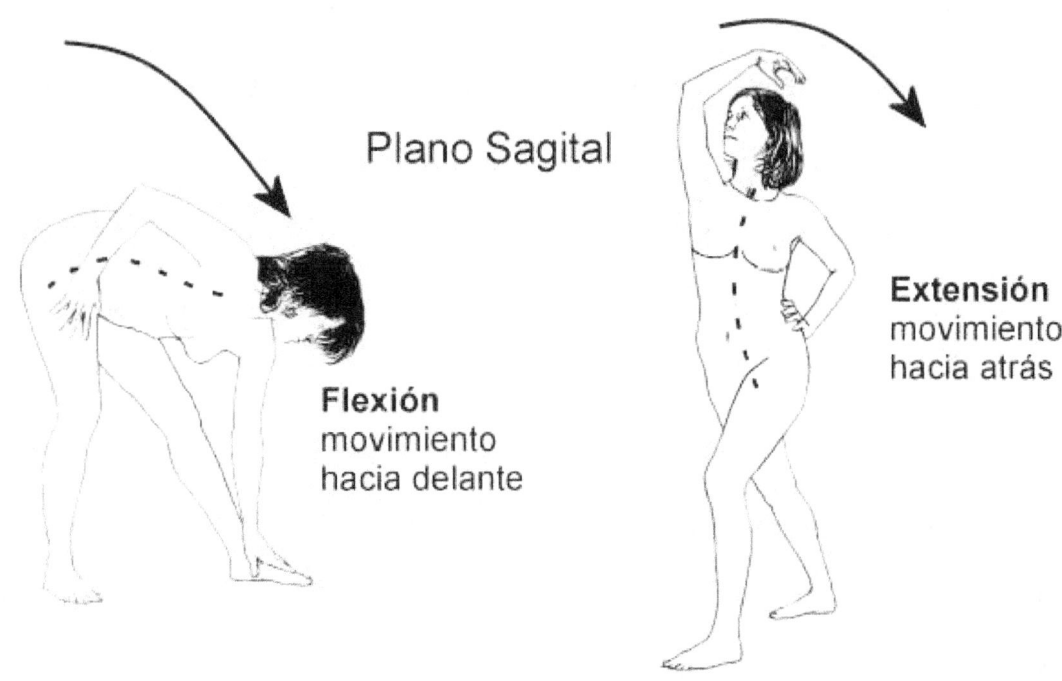

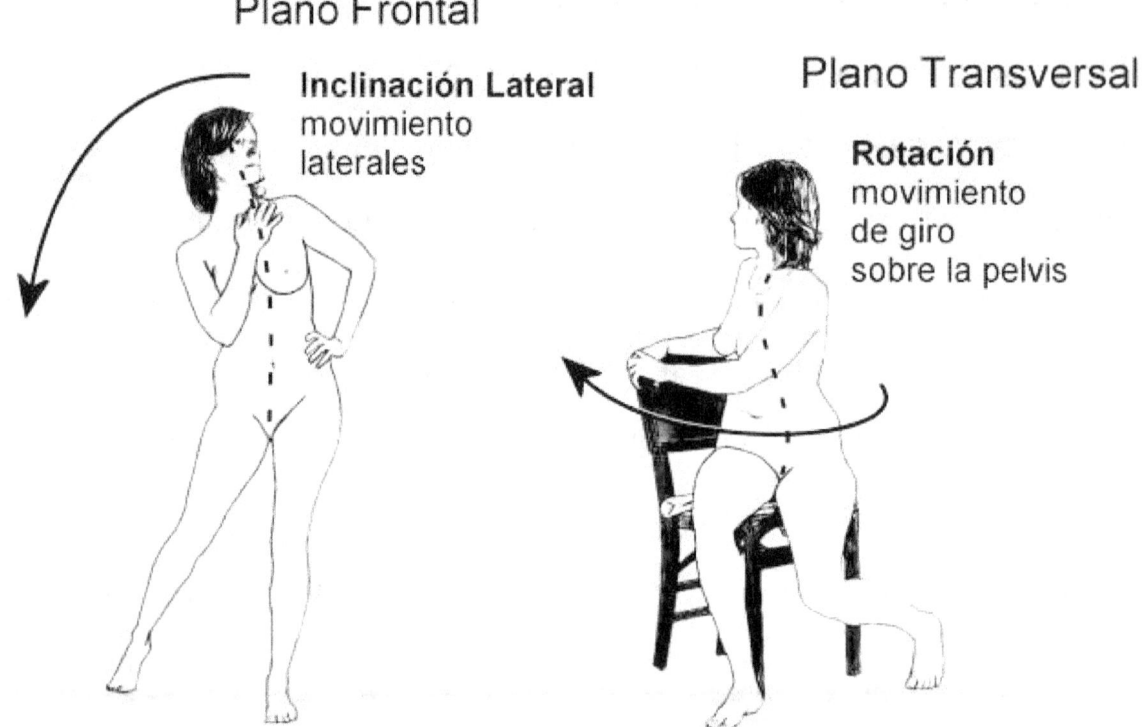

Ejes corporales

1- Eje transversal. Eje que va de un lado al otro de nuestro cuerpo, los movimientos que se producen se llaman de FLEXIÓN - EXTENSIÓN y son en un plano anteroposterior o sagital.

2- Eje vertical. Es un eje que va de arriba hacia abajo, y los movimientos en torno a ese eje se llaman movimientos de ROTACIÓN, y se producen en un plano horizontal.

3- Eje anteroposterior. De adelante hacia atrás, los movimientos que se producen se llaman de ABDUCCIÓN - ADUCCIÓN en las extremidades o de INCLINACIÓN LATERAL en el cuello o tronco y son hechos en un plano frontal.

Ejes Anatómicos

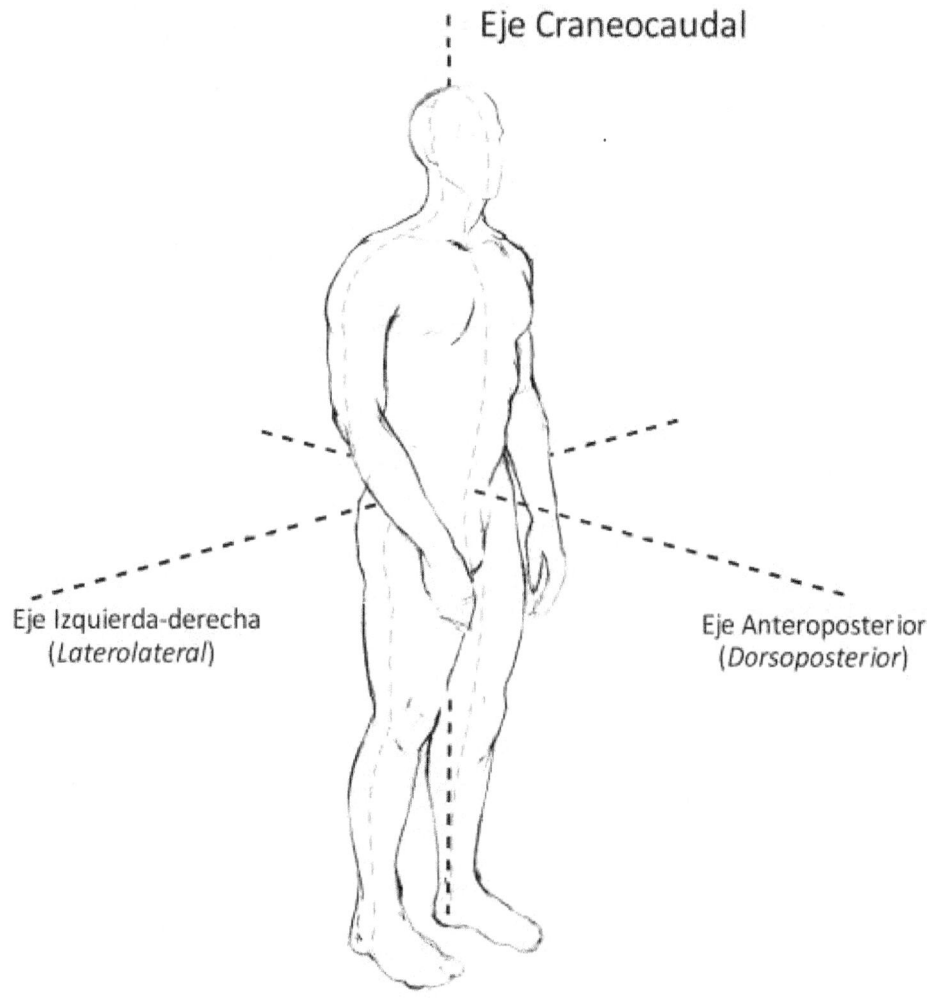

Existe un movimiento llamado de circunducción que engloba movimientos en varios ejes, es la combinación de dos o más movimientos, normalmente, flexión y extensión + rotación + abducción y aducción, y a veces, como en el caso de los codos o las rodillas por ejemplo, de flexión y extensión + rotación.

MOVIMIENTOS ARTICULARES

Vamos a estudiar ahora los movimientos posibles en cada una de las articulaciones del cuerpo humano. Las articulaciones son la unión de dos o más huesos en donde se produce un movimiento, pero existen articulaciones inmóviles (*por ejemplo las formadas entre los huesos del cráneo*). Para clasificar los movimientos tendremos que estar al tanto primero de los ejes corporales en torno a los cuales se hacen los movimientos. Podemos identificar un movimiento en cada eje pero en realidad casi todos los movimientos se producen en la combinación de planos diferentes.

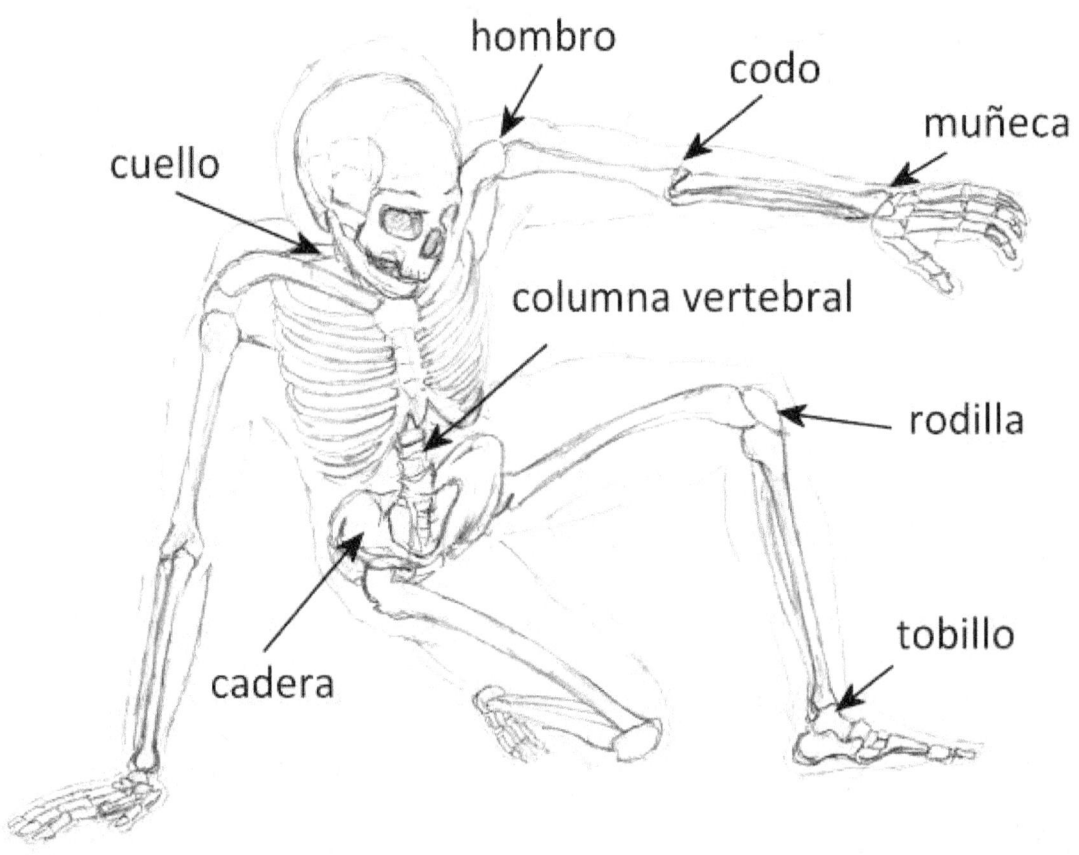

Cuello. Es la articulación formada por la unión de las vértebras cervicales con el cráneo, en esta articulación encontraremos todos los movimientos posibles en torno a los tres ejes es por lo tanto también la circunducción, flexión y extensión, abducción y aducción en este caso también se llama inclinación lateral.

Hombros. Es la articulación formada por la unión del húmero, la escápula u omóplato y la clavícula. En esta articulación también encontramos los 4 tipos diferentes de movimientos es decir: flexión y extensión, abducción y aducción, rotación y circunducción.

Codos. Los movimientos de los codos son los siguientes: flexión y extensión, la extensión se produce si hay una previa flexión y hasta un máximo de unos pocos grados más de 180º dependiendo de la persona.

Muñecas. Articulación formada por la unión de los huesos del carpo con el cúbito y el radio. Los movimientos posibles en las muñecas son flexión y extensión, abducción y aducción, circunducción, por la suma de los dos movimientos anteriores. Las muñecas no tienen rotación, la rotación que se aprecia es debida a la pronación y supinación del codo.

Cadera. En este caso nos encontramos dos puntos de articulación que estudiaremos por separado. El primer punto es la unión de las vértebras lumbares y el sacro con la pelvis, que a nivel visual nos dará movimientos del tronco con respecto a las piernas, estos movimientos son los siguientes: flexión y extensión, rotación y circunducción. El segundo punto de unión, es la articulación entre cada uno de los fémures con la pelvis. Los movimientos resultantes son los que hacen las extremidades inferiores, flexión y extensión, abducción y aducción, circunducción y rotación.

Rodillas. Articulación formada por la unión del fémur, la tibia, la rótula y el peroné. Los movimientos que encontramos en la rodilla son: flexión y extensión, rotación, pero para que la rodilla la pueda hacer debe primero flexionarse porque si no el ligamento cruzado anterior impide la rotación.

Tobillos. La unión entre los huesos del tarso (astrágalo) con la tibia y el peroné. Los movimientos son flexión y extensión, circunducción, abducción y aducción, llamadas en los tobillos inversión y eversión.

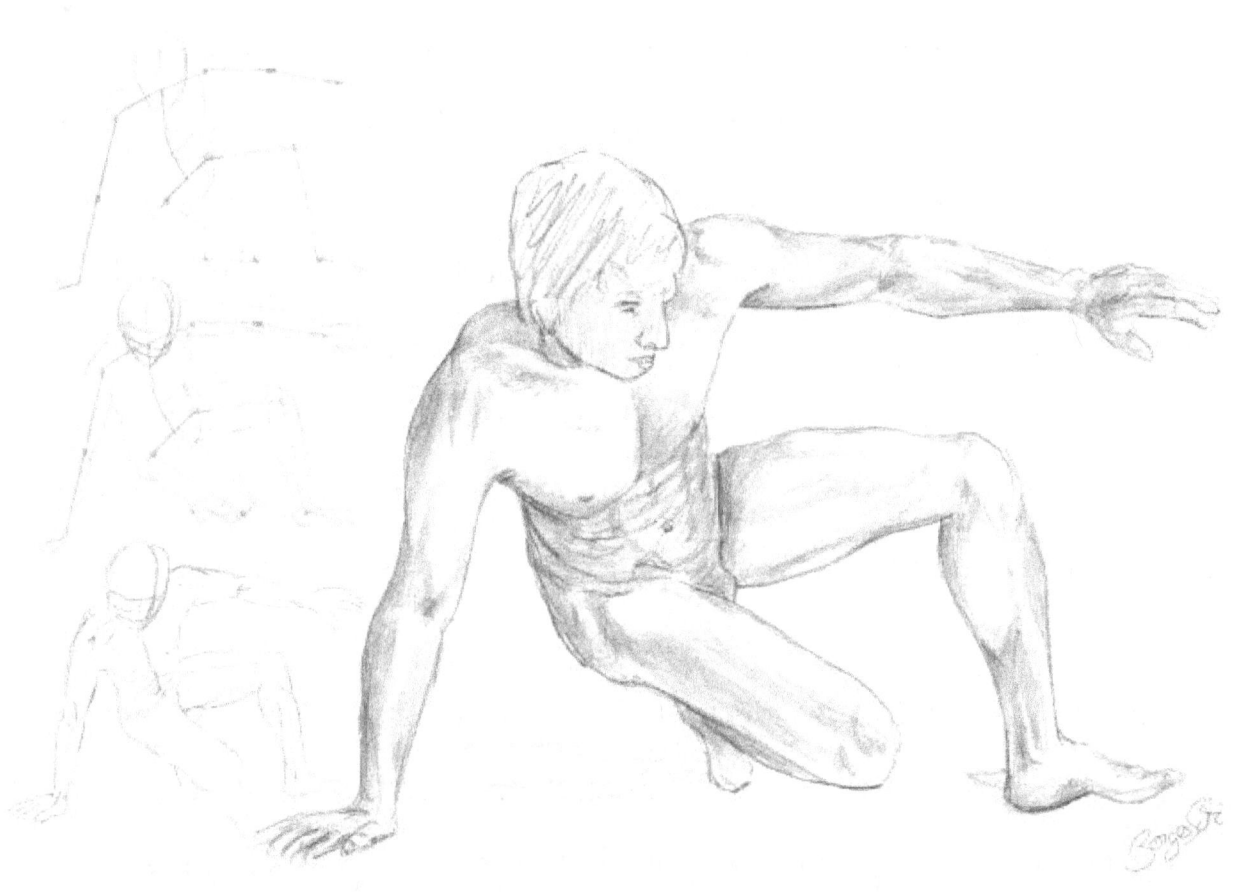

EL MOVIMIENTO

Dibujar la figura humana en cualquier posición o movimiento *(saltando, cayendo, caminando, corriendo)* requiere de un breve estudio de la estructura anatómica. A media que se va dominando el conocimiento de la estructura ósea en la construcción de la figura, mayor soltura se adquiere al dibujar la figura en movimiento.

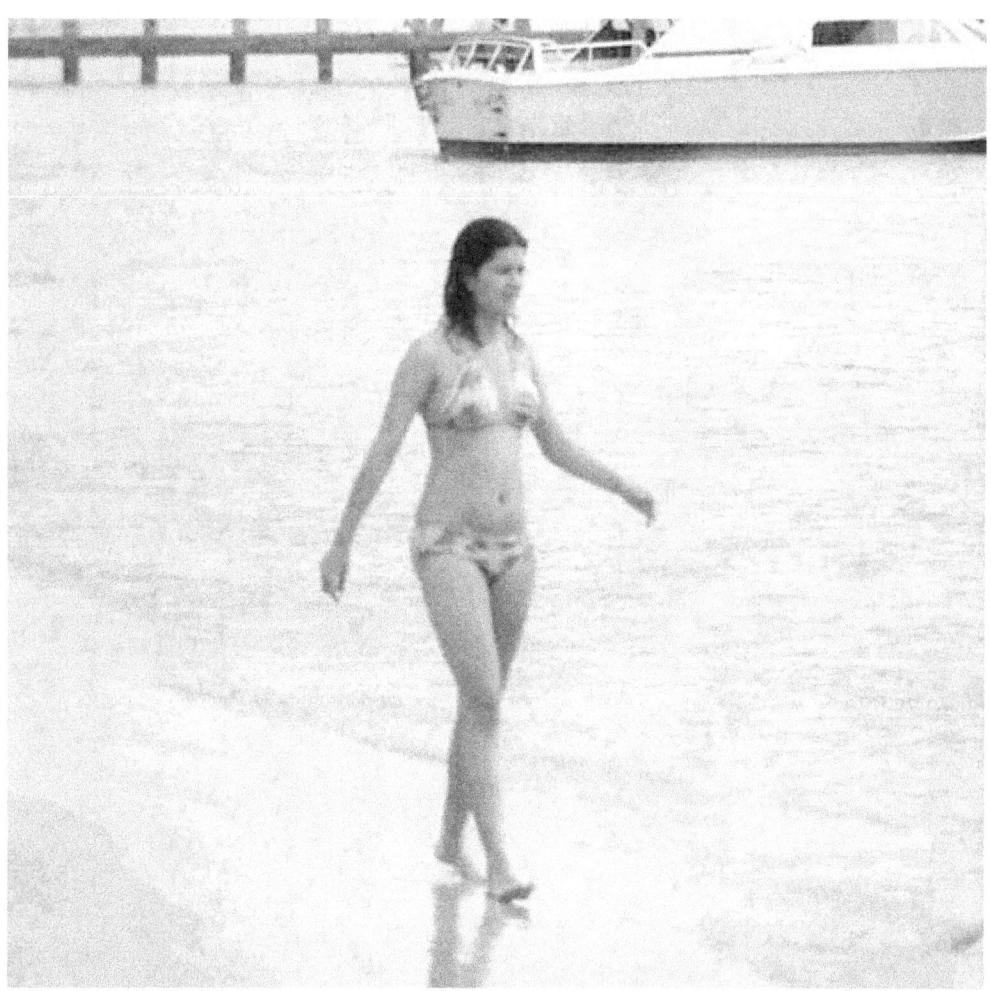

Observa detenidamente a una persona caminando. ¿Cómo son los movimientos de las piernas y los brazos?

Cuando caminamos, los brazos se balancean a cada paso que damos pero en sentido opuesto al movimiento de las piernas. Cuando adelantamos la pierna izquierda, el brazo de ese lado va hacia atrás y viceversa.

Para que entiendas fácilmente el estudio del movimiento del cuerpo humano y como dibujarlo correctamente usaré en este libro como recurso gráfico y modelo un maniquí.

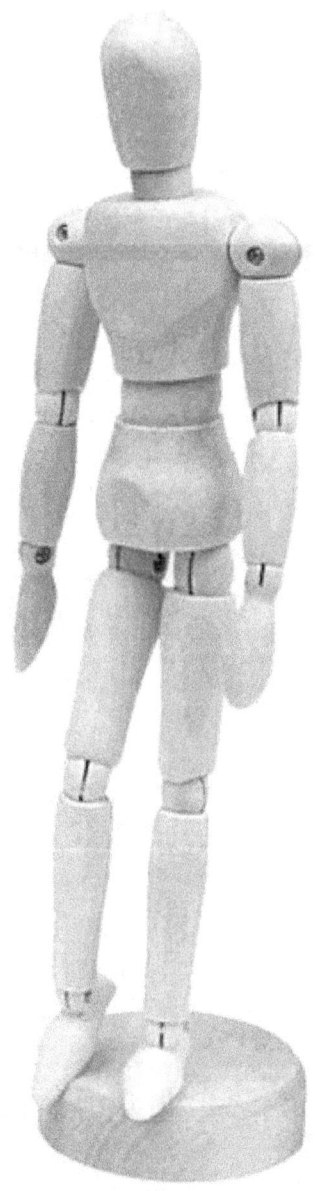 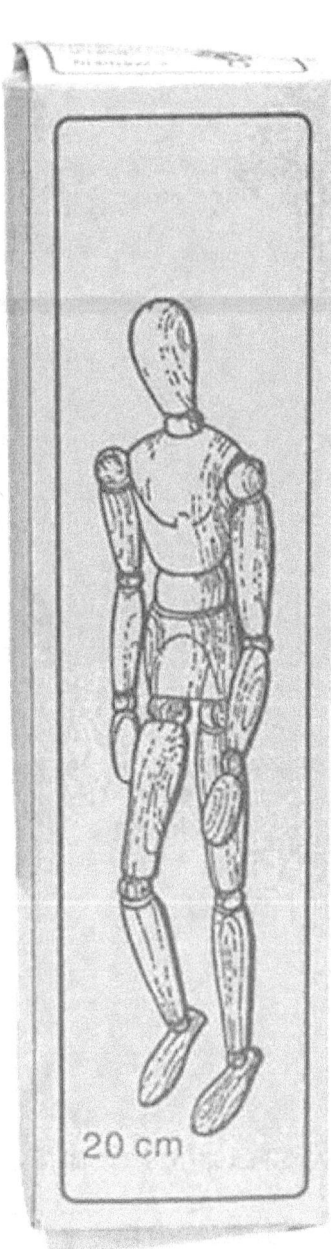

El maniquí es un muñeco con las mismas proporciones y articulaciones del cuerpo humano. Este maniquí facilita la apreciación de las formas que adquieren las diferentes posiciones y las partes del cuerpo que no son visibles a estar sobrepuestas por otras.

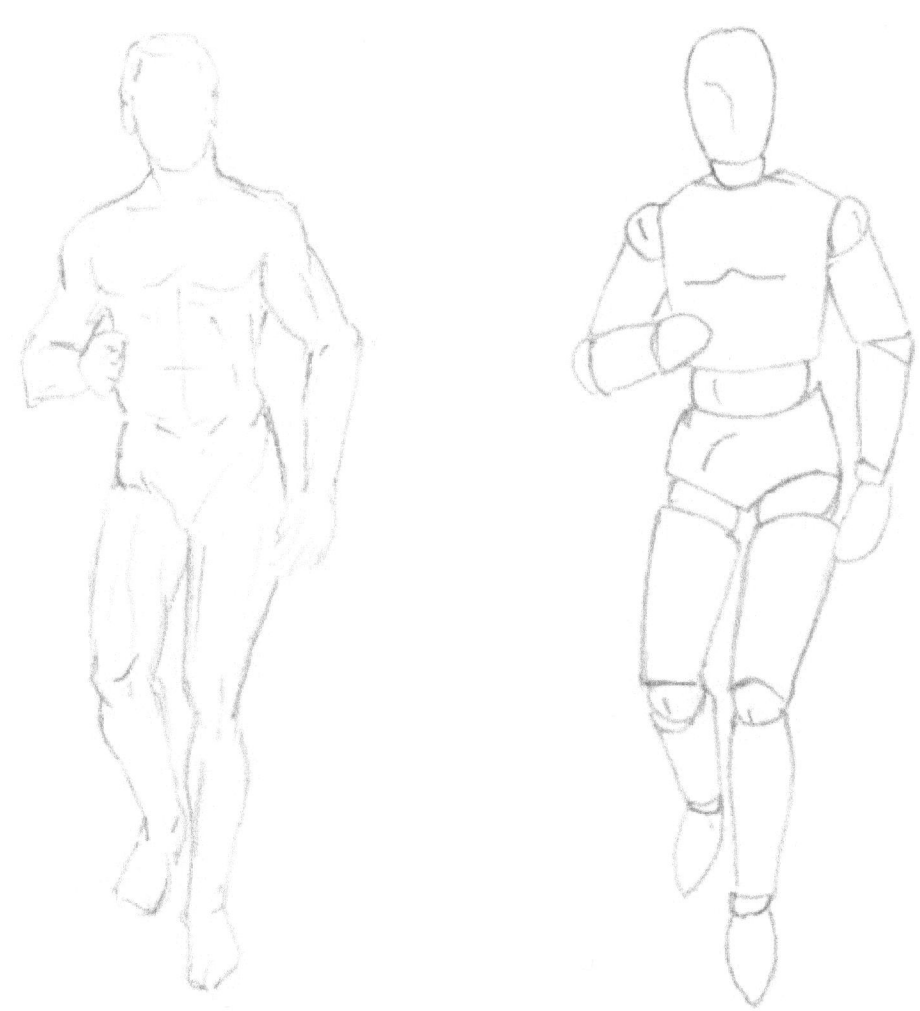

Con esta simplificación de las formas básicas de la figura humana y los conocimientos básicos de anatomía podemos comenzar a dar movimiento a nuestros dibujos. El movimiento de la figura humana como expresión artística se percibe en un movimiento explícito y un movimiento implícito que explicaré adelante.

El uso del maniquí sintetiza la anatomía del cuerpo humano y te facilita la construcción de tus dibujos. Tomando las formas básicas logramos reproducir fielmente una figura humana simplificada. El maniquí facilita representar la figura humana en cualquier posición y te ayuda a dibujar mucho mejor el mecanismo del movimiento el cuerpo humano.

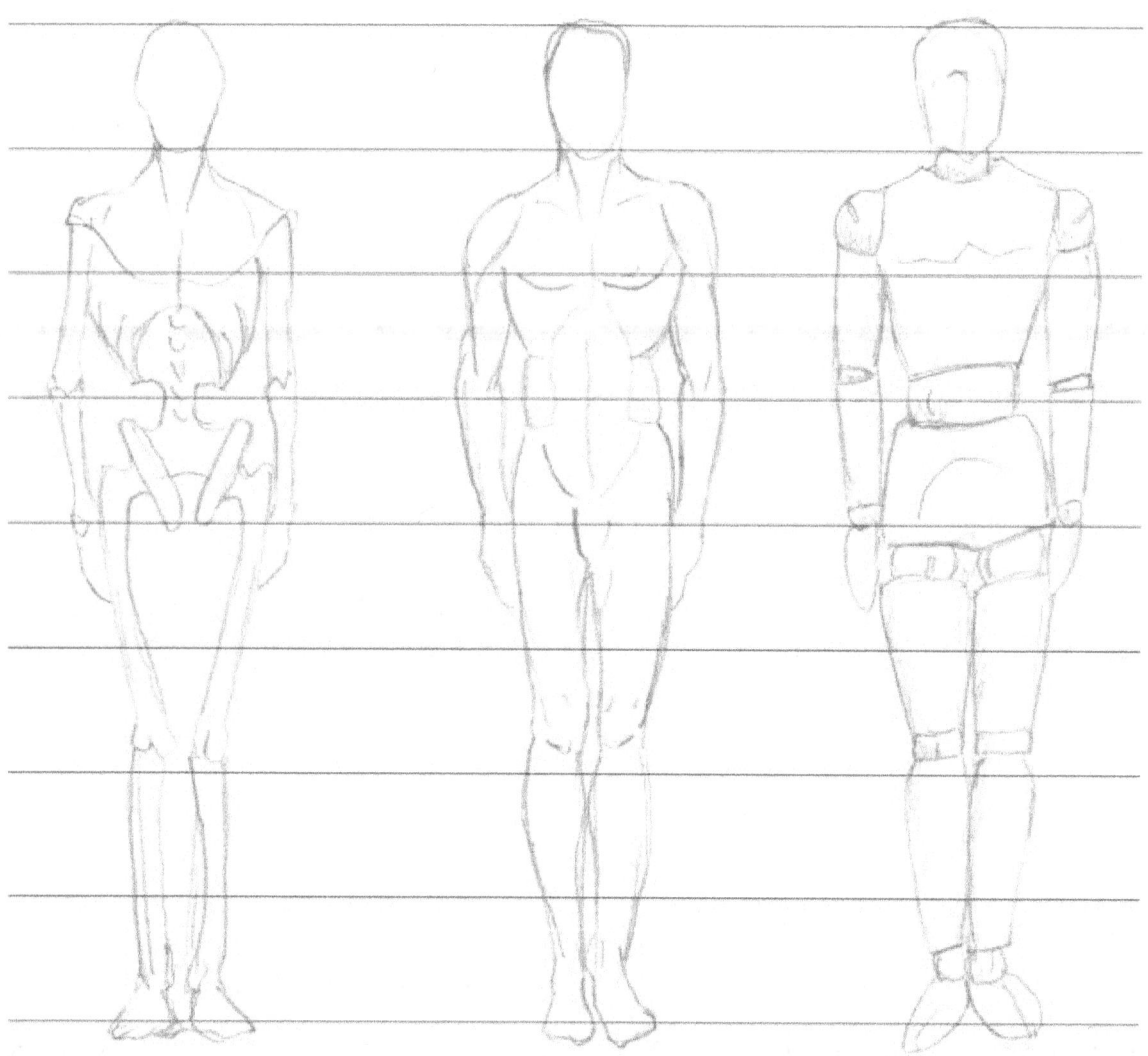

Observa que el cuerpo humano y el maniquí guardan un comparable parecido. Dibujado el maniquí en el movimiento que desees lo recubres con los músculos y lograrás una figura humana terminada. El conocimiento del cuerpo humano, su estructura y composición son la base para que el dibujante exprese movimiento en sus dibujos. El balance corporal y el conocimiento del movimiento articulado serán la clave para que el dibujo de la figura humana transmita movimiento.

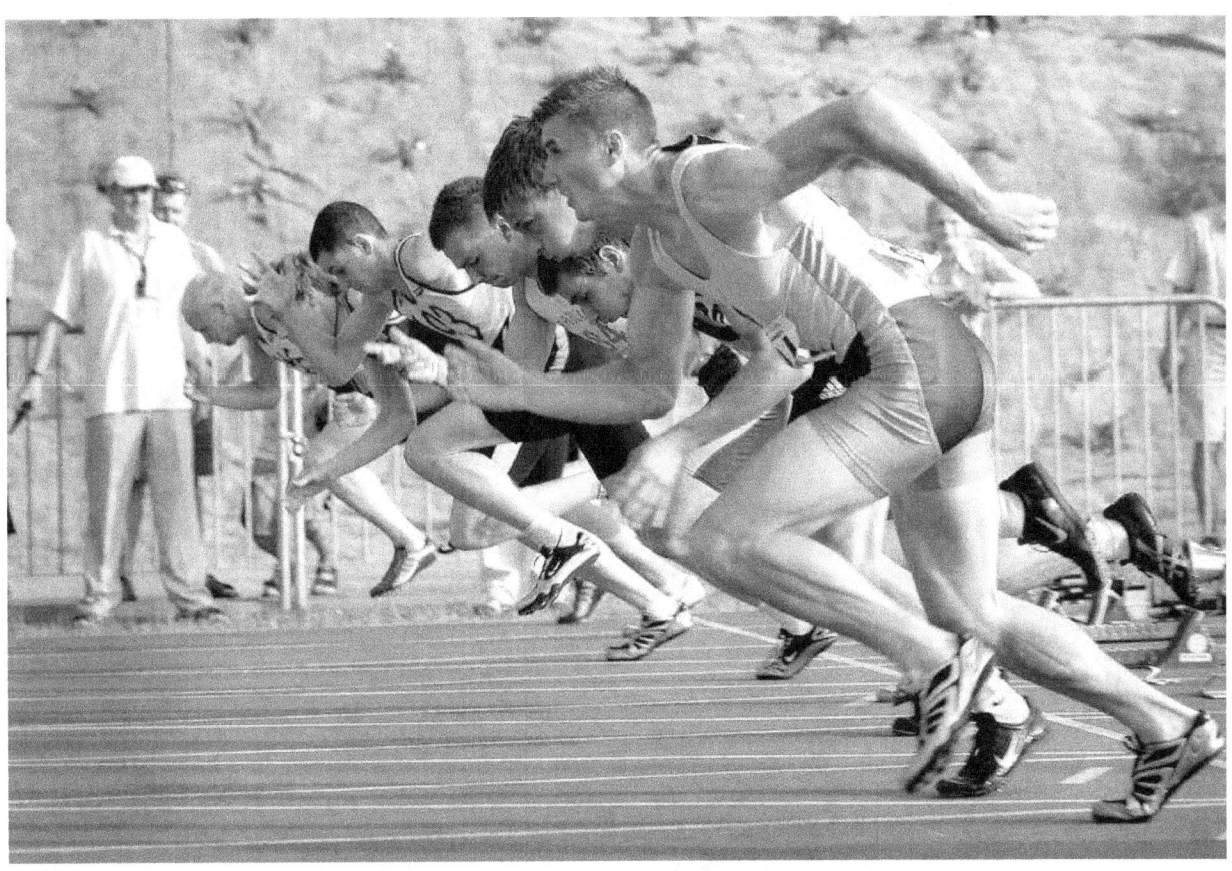

Cuando corremos, la posición de los brazos y las piernas es igual que al caminar sólo que mucho más marcada. Observa en la fotografía anterior como en el primer atleta la pierna izquierda adelanta junto con el brazo derecho y viceversa. Una buena práctica es que observes del natural o de buenas fotografías de personas practicando deportes.

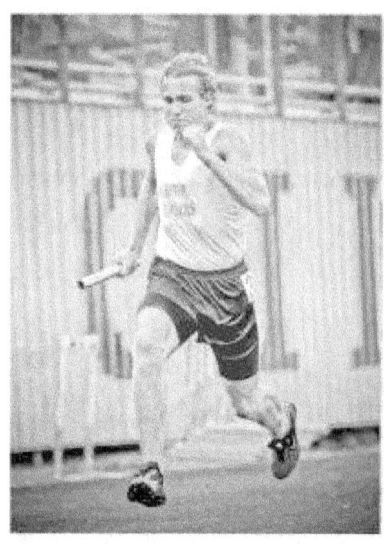 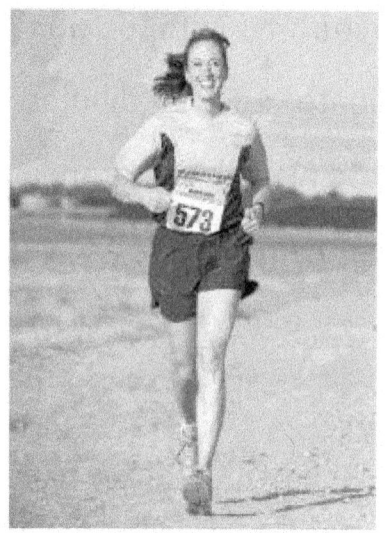 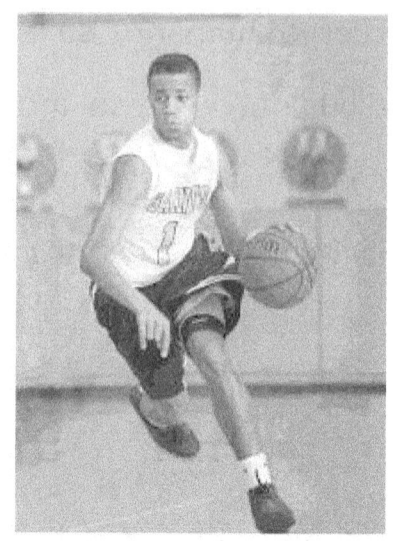

No siempre el movimiento está en que la persona corra, baile o salte, dentro de una posición corporal puede existir movimiento. Una persona sentada en una pose donde los brazos, el torso, las piernas y su anatomía general rompen la simetría y deja de estar estático adquiere actitudes que definen movimiento a pesar de no estar moviéndose.

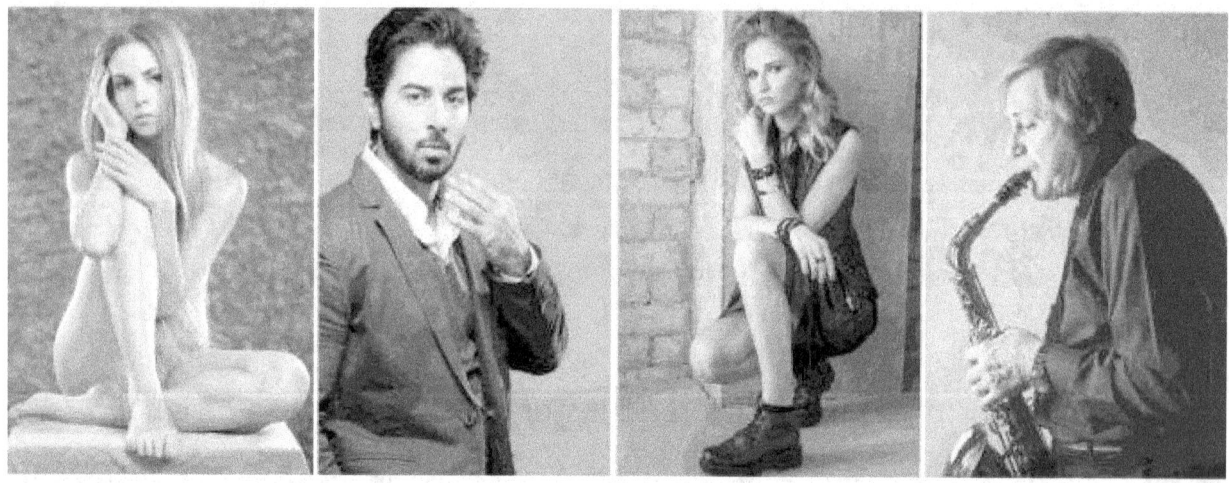

Como expresión artística, el movimiento corporal de la figura humana se puede percibir de dos formas básicas, movimiento explícito o movimiento implícito como ya hemos mencionado.

Movimiento explícito

Es la pose en la que algunas de las partes del cuerpo se muestren más individualizadas con respecto al conjunto. El esquema de esta pose es dinámico y comprende más elementos para bocetar la forma y colocación de los miembros (*brazos y piernas*).

Movimiento implícito

La pose es estática, en la que el conjunto domine y se imponga sobre cada una de las partes. Se puede esquematizar mediante una forma que exprese una sola masa del cuerpo del modelo sin partes exteriores proyectadas de este (*un óvalo, rectángulo, triángulo...*)

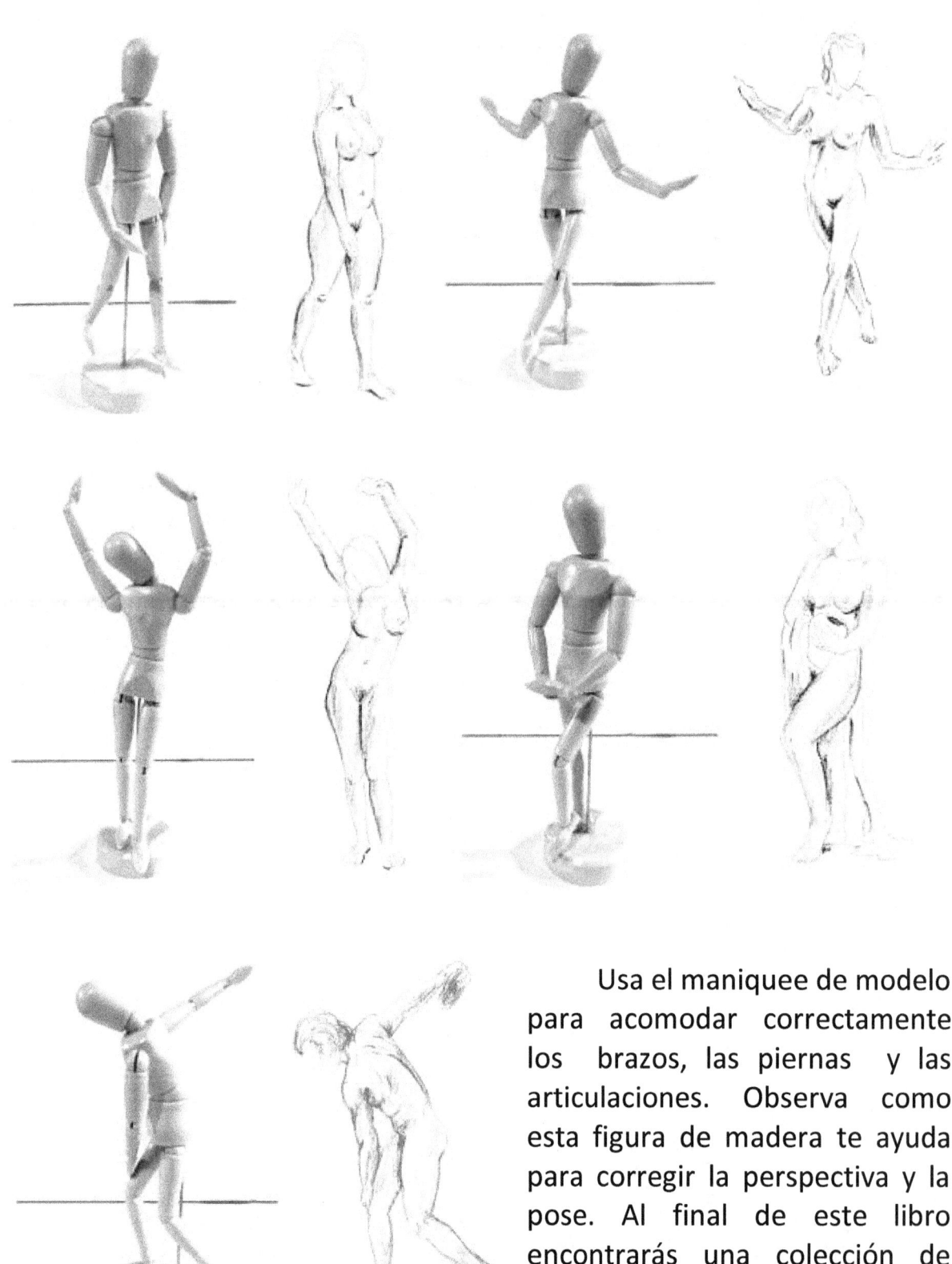

Usa el maniquee de modelo para acomodar correctamente los brazos, las piernas y las articulaciones. Observa como esta figura de madera te ayuda para corregir la perspectiva y la pose. Al final de este libro encontrarás una colección de poses para que hagas tus dibujos de práctica.

PROCESO DE UN DIBUJO DE FIGURA EN MOVIMIENTO

El modelo debe observarse en la totalidad del movimiento. Por medio de trazos sueltos (*dibujo de palito*) y libres intente captar una aproximación a la pose. Ensaye posiciones ligeramente distintas para cada miembro (*brazos y piernas*) hasta precisar aquella que refleje la articulación del movimiento en el modelo.

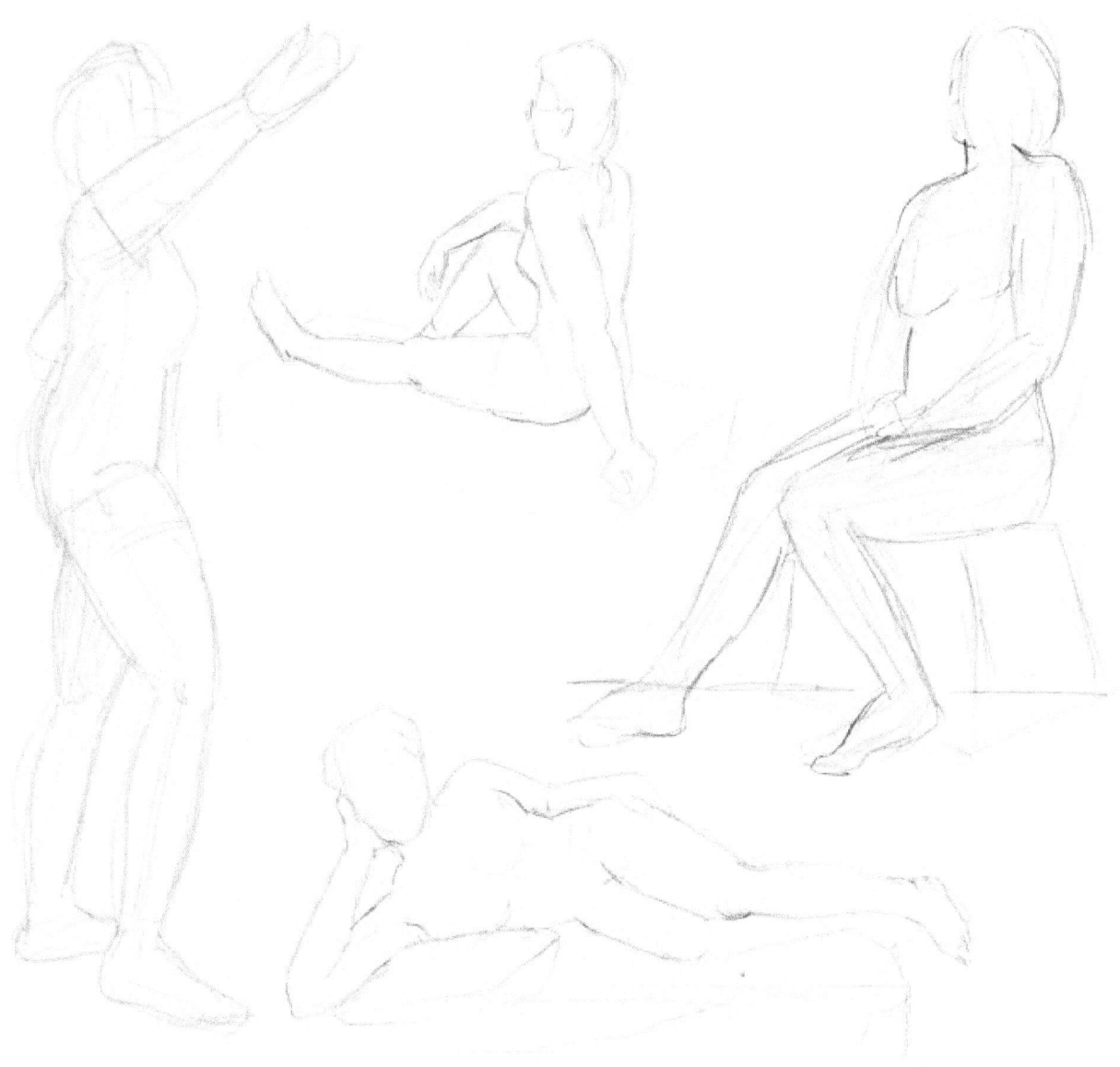

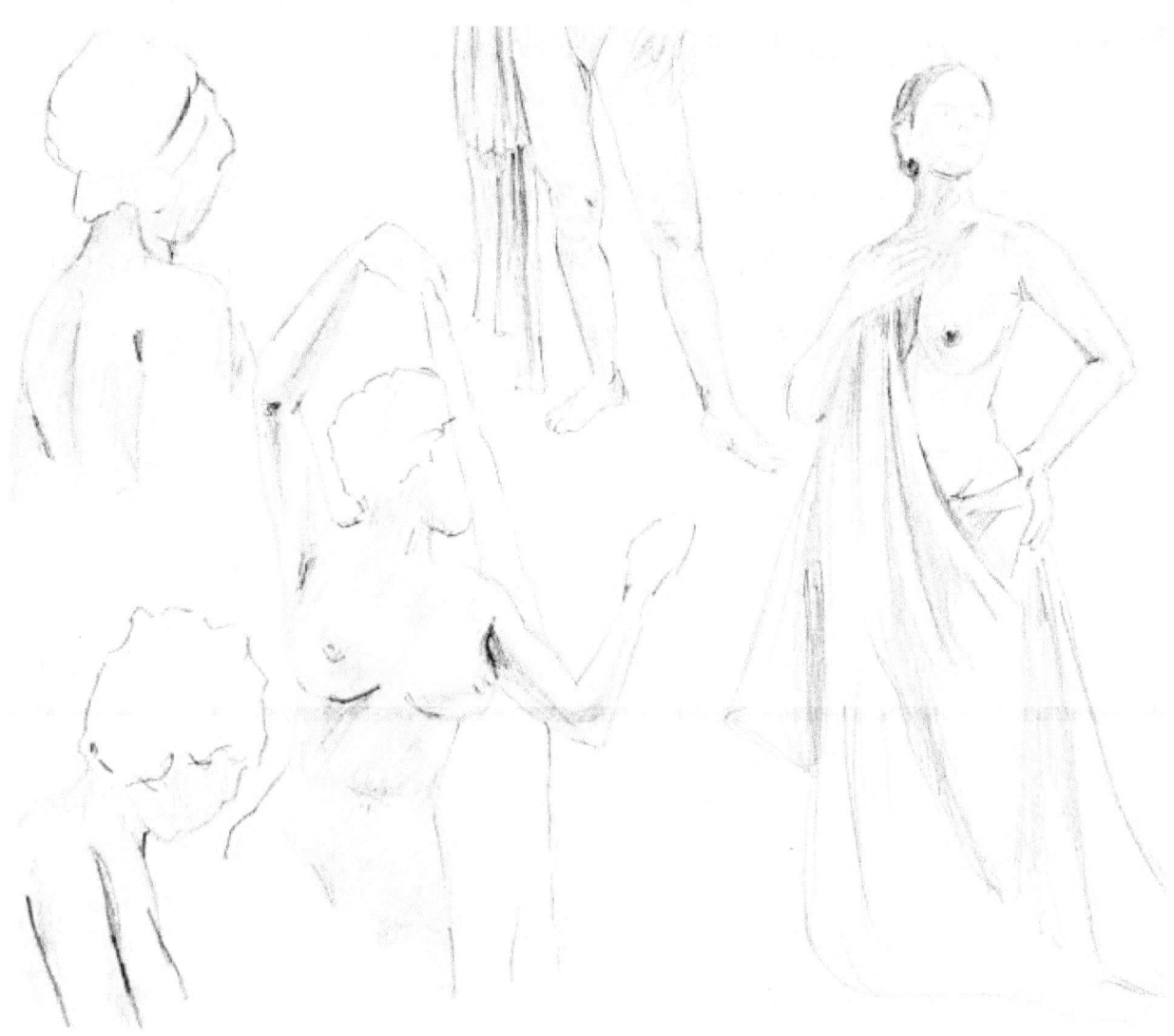

Estudio de pose en movimiento implícito, Curso de Dibujo Universidad de Puerto Rico, 1974

El carboncillo o un lápiz blando (2B o 4B) se adaptan para agilizar y captar bien la expresión del movimiento. El trazo es cómodo e inmediato, grueso o fino según la aplicación (*presión ejercida*) de la barrita o el lápiz y los sombreados se llevan a cabo con rapidez gracias a la posibilidad de difuminar las líneas con difuminadores o un trapo. Debe evitar las líneas de contornos demasiado duras o marcadas para que la figura no quede encerrada en sus propios límites y luzca ágil y con gracia.

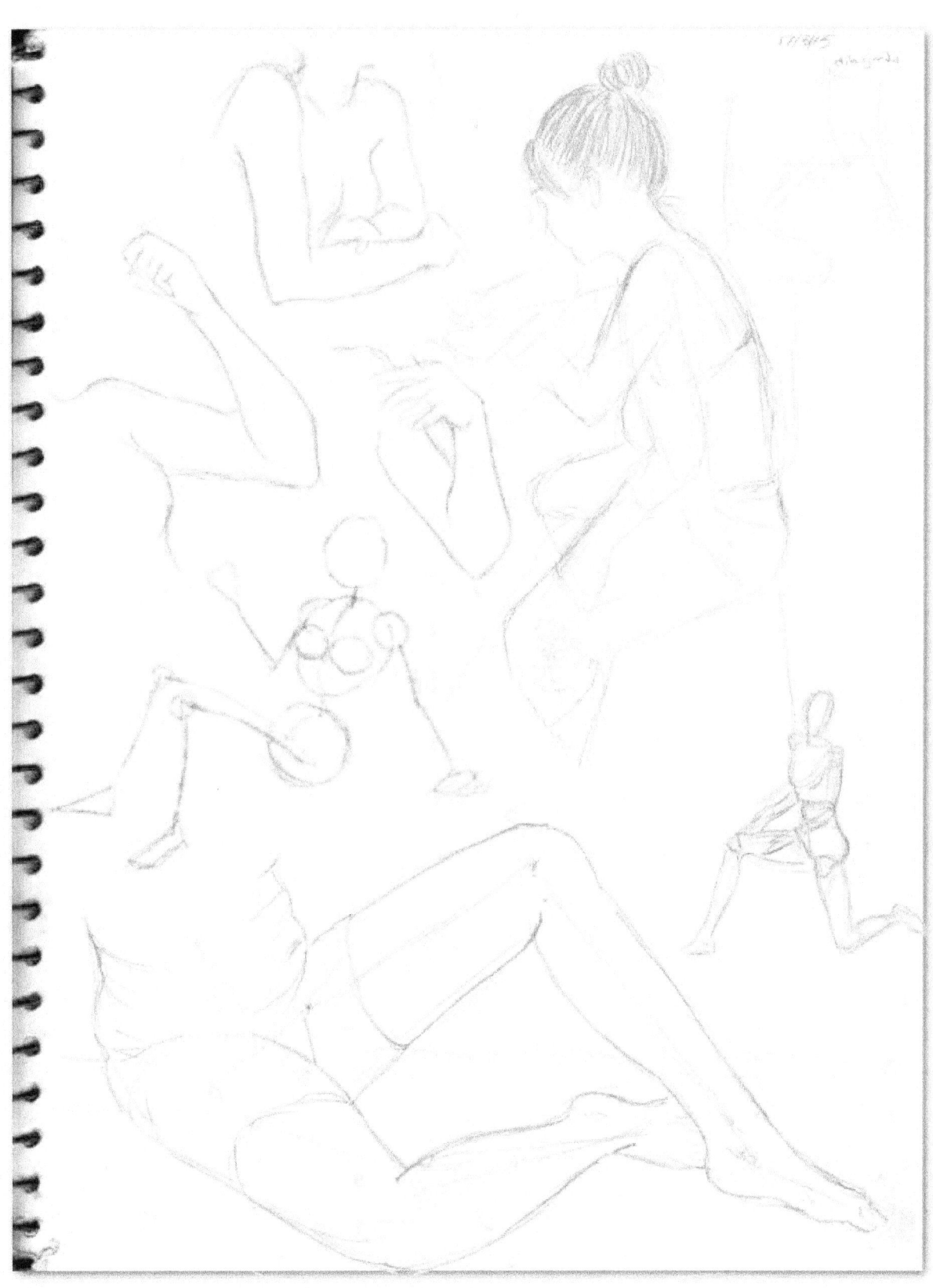

Apuntes de poses en movimiento implícito, Mónica N. Borges González, Escuela Nacional Artes Plásticas PR, 2013

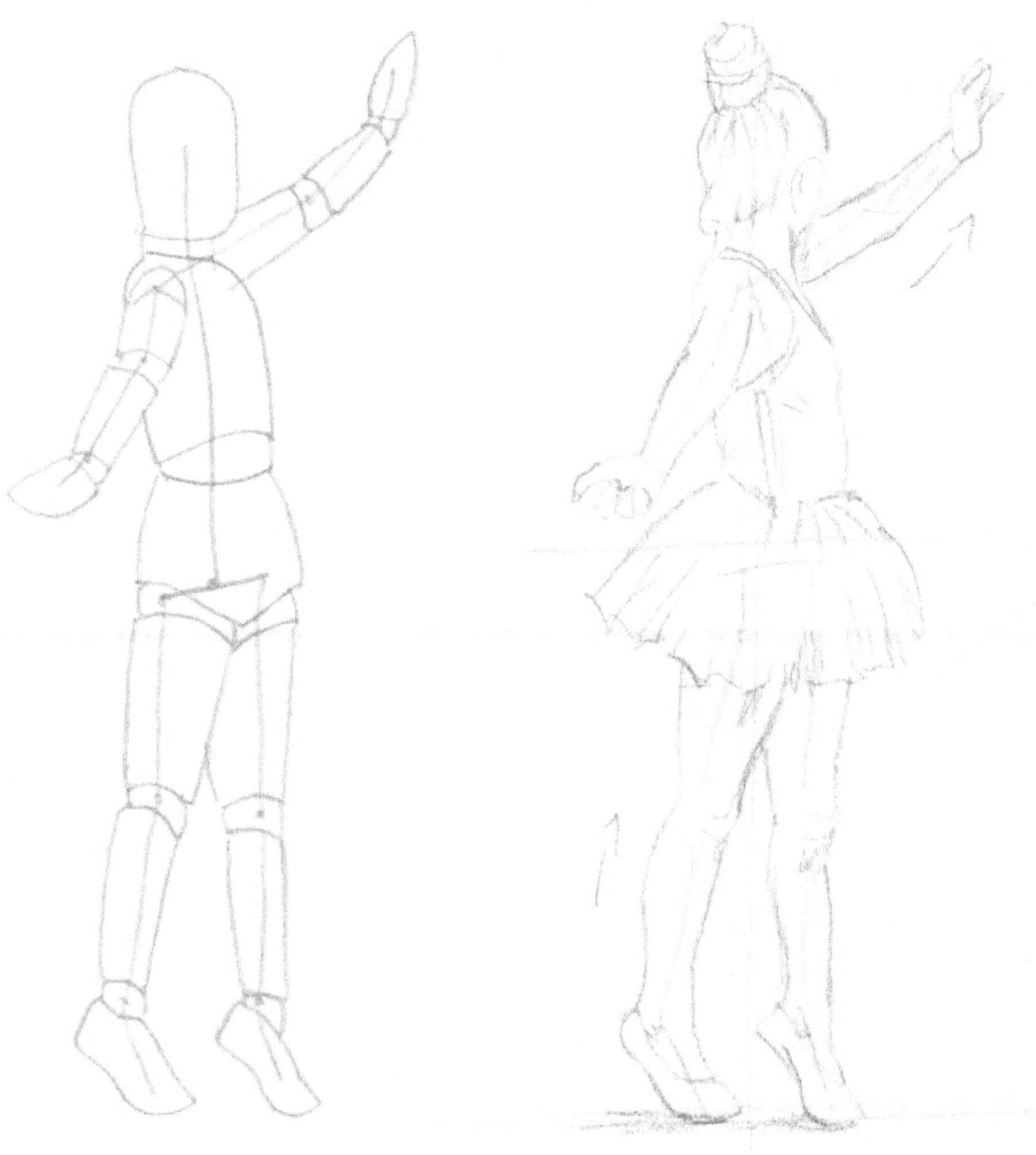

"Cuando dibujes un desnudo, aboceta la figura entera y ajusta los miembros de manera que aunque solo acabes una pequeña porción del dibujo, todas las partes parezcan bien reunidas, así, ese boceto te será útil en el futuro"

Leonardo Da Vinci. (1452-1519)

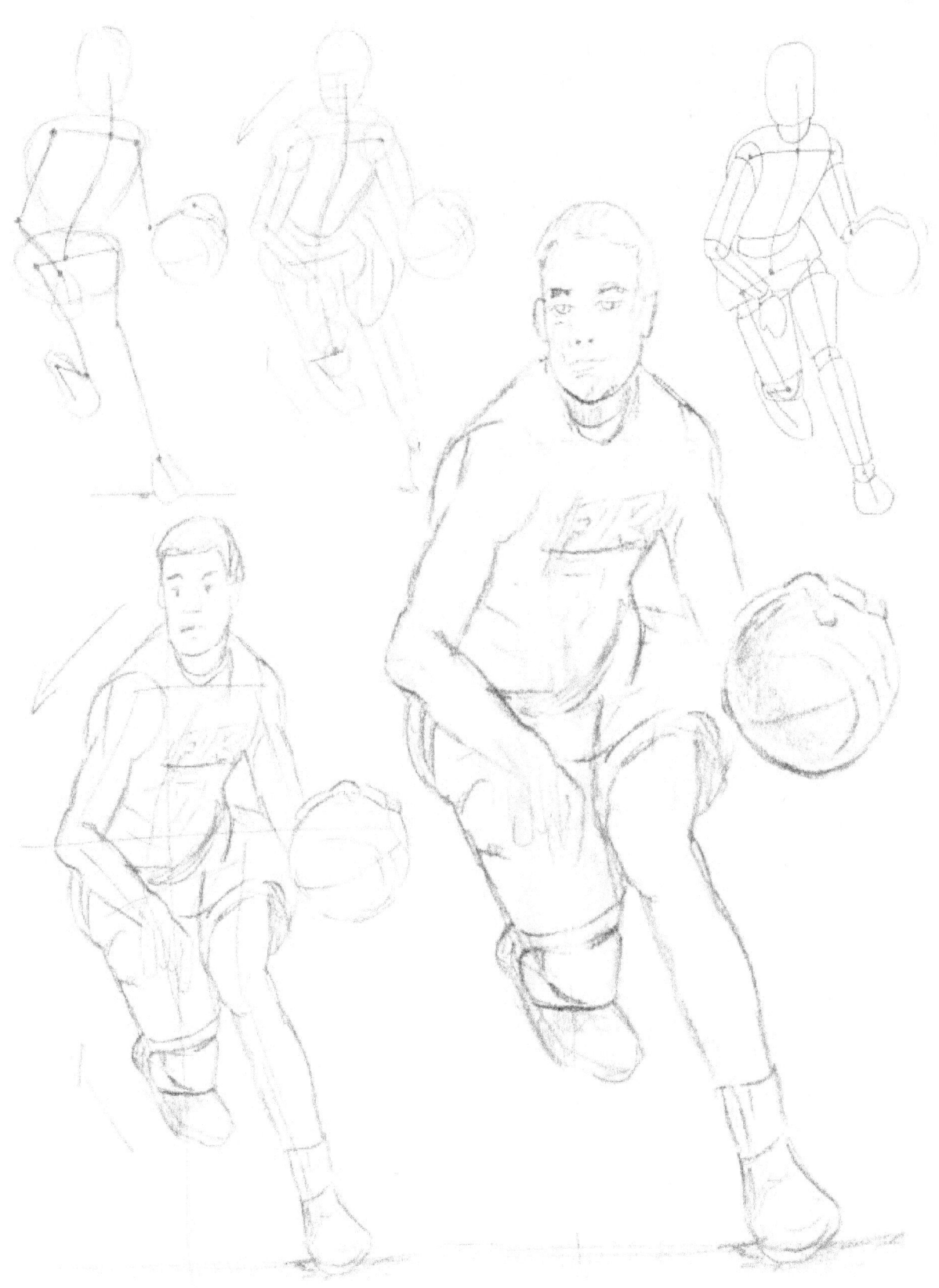

Comienza trazando dos líneas para el eje craneocaudal (vertical) y el eje laterolateral (horizontal) para usarlo de referencia. Luego traza los ejes de la estructura de soporte del cuerpo (esqueleto) usando de modelo el maniquee.

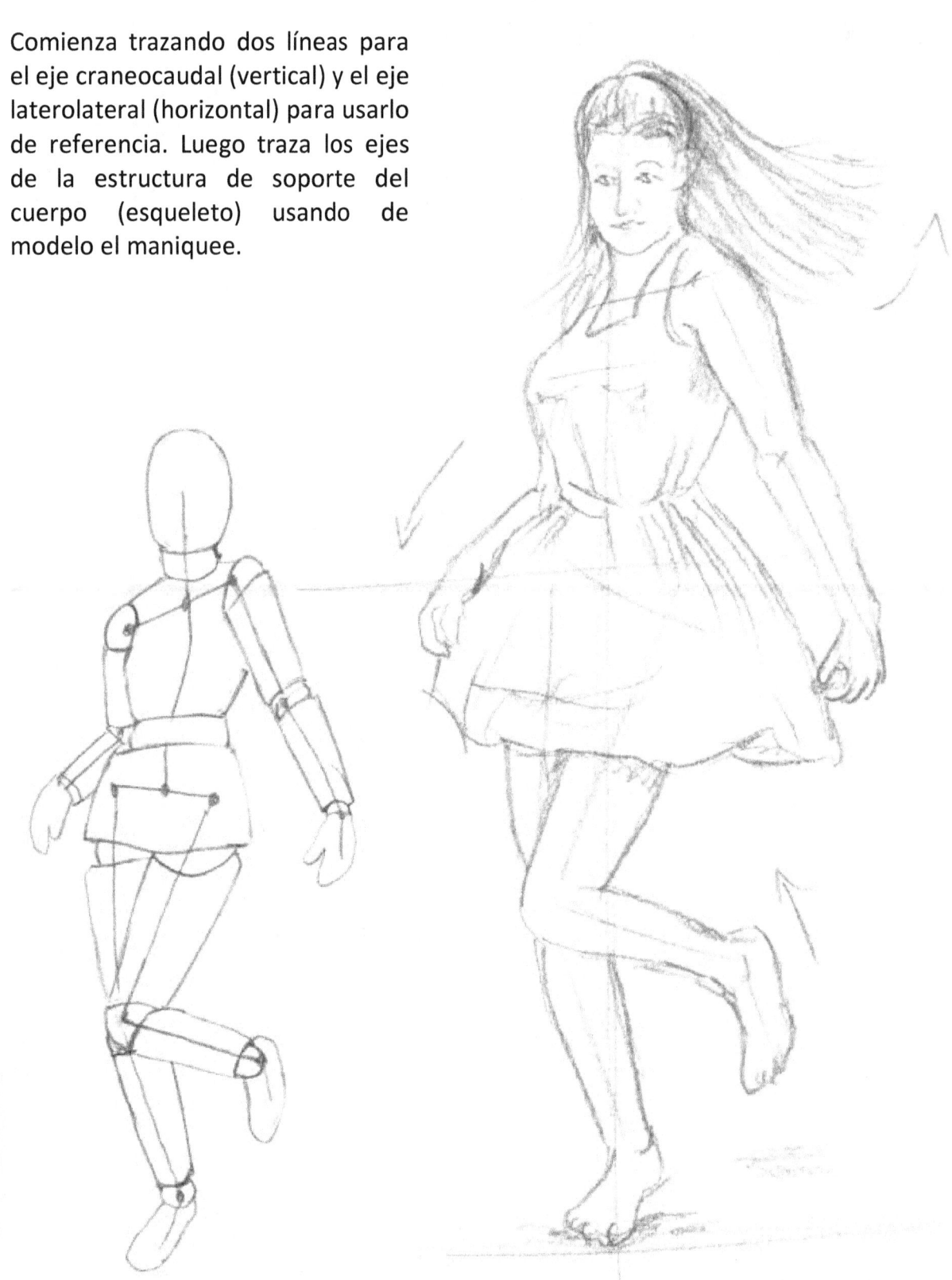

Observa como el giro sobre la pierna derecha hace que el pelo y la falda se levanten.

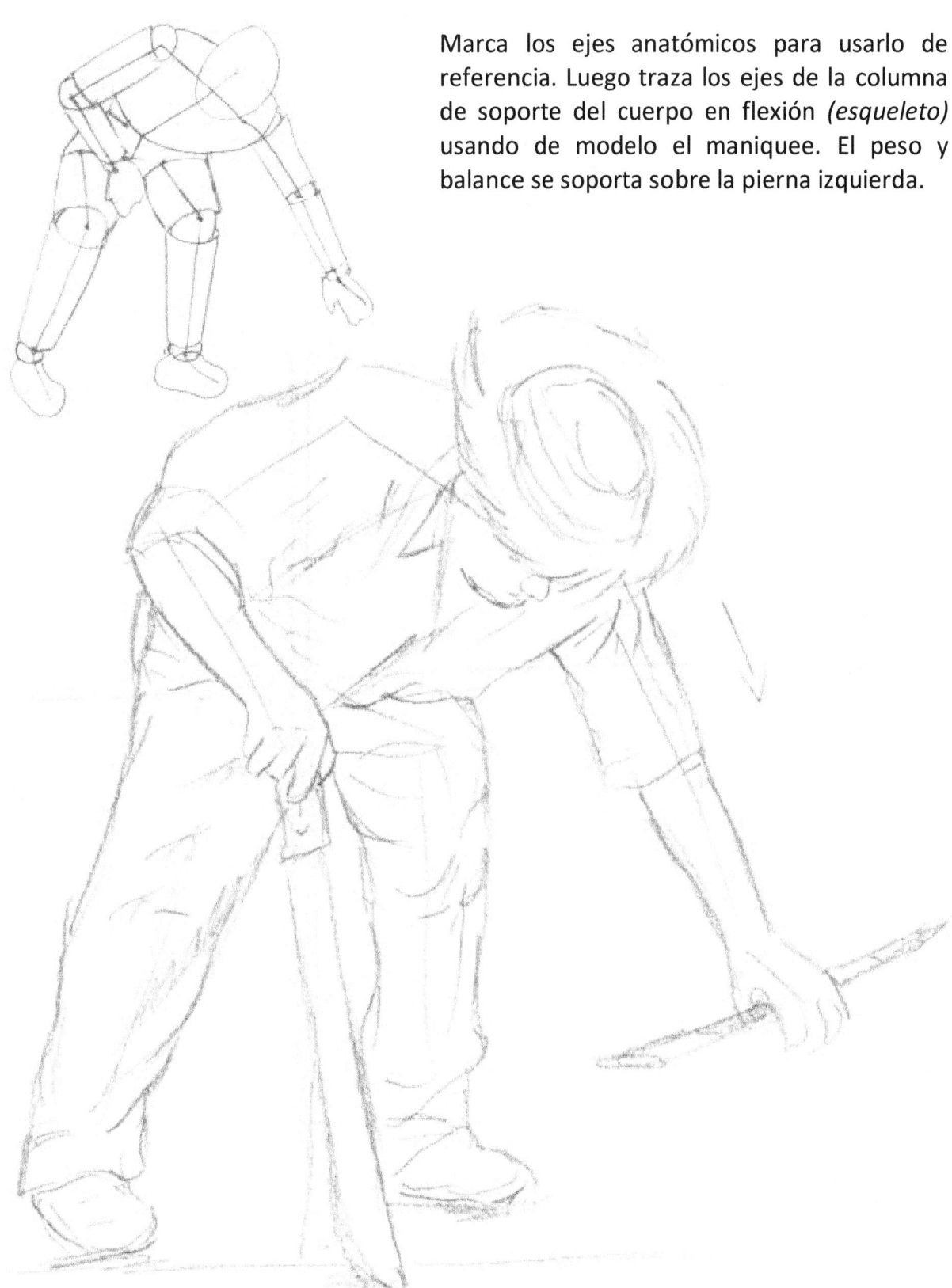

Marca los ejes anatómicos para usarlo de referencia. Luego traza los ejes de la columna de soporte del cuerpo en flexión *(esqueleto)* usando de modelo el maniquee. El peso y balance se soporta sobre la pierna izquierda.

Observa cómo se comprime el torso en un movimiento de flexión hacia delante.

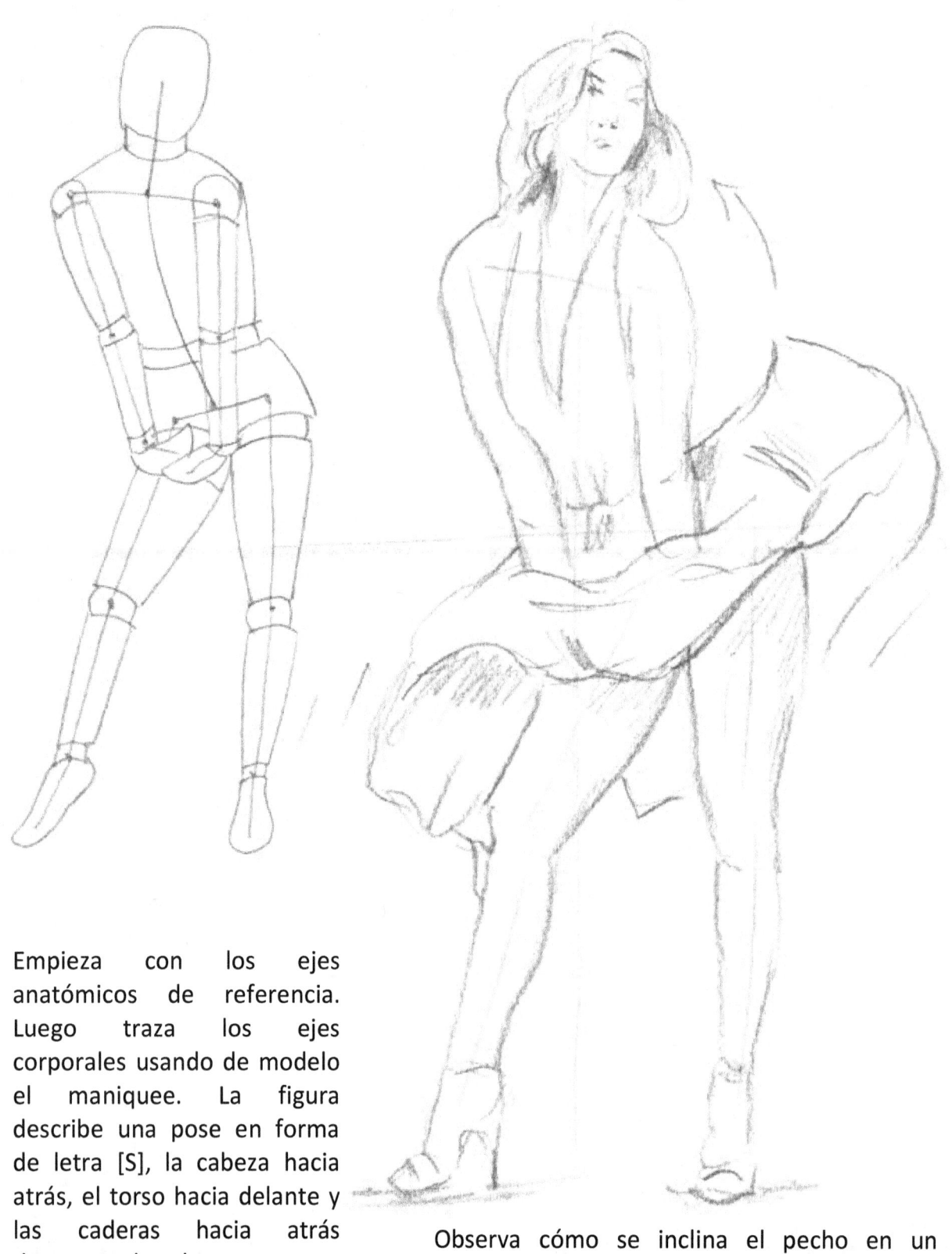

Empieza con los ejes anatómicos de referencia. Luego traza los ejes corporales usando de modelo el maniquee. La figura describe una pose en forma de letra [S], la cabeza hacia atrás, el torso hacia delante y las caderas hacia atrás descansando el peso mayor en la pierna izquierda.

Observa cómo se inclina el pecho en un movimiento de flexión hacia delante en el plano sagital.

Dibuja los ejes anatómicos *(una línea vertical y otra horizontal a la cintura)* de referencia.

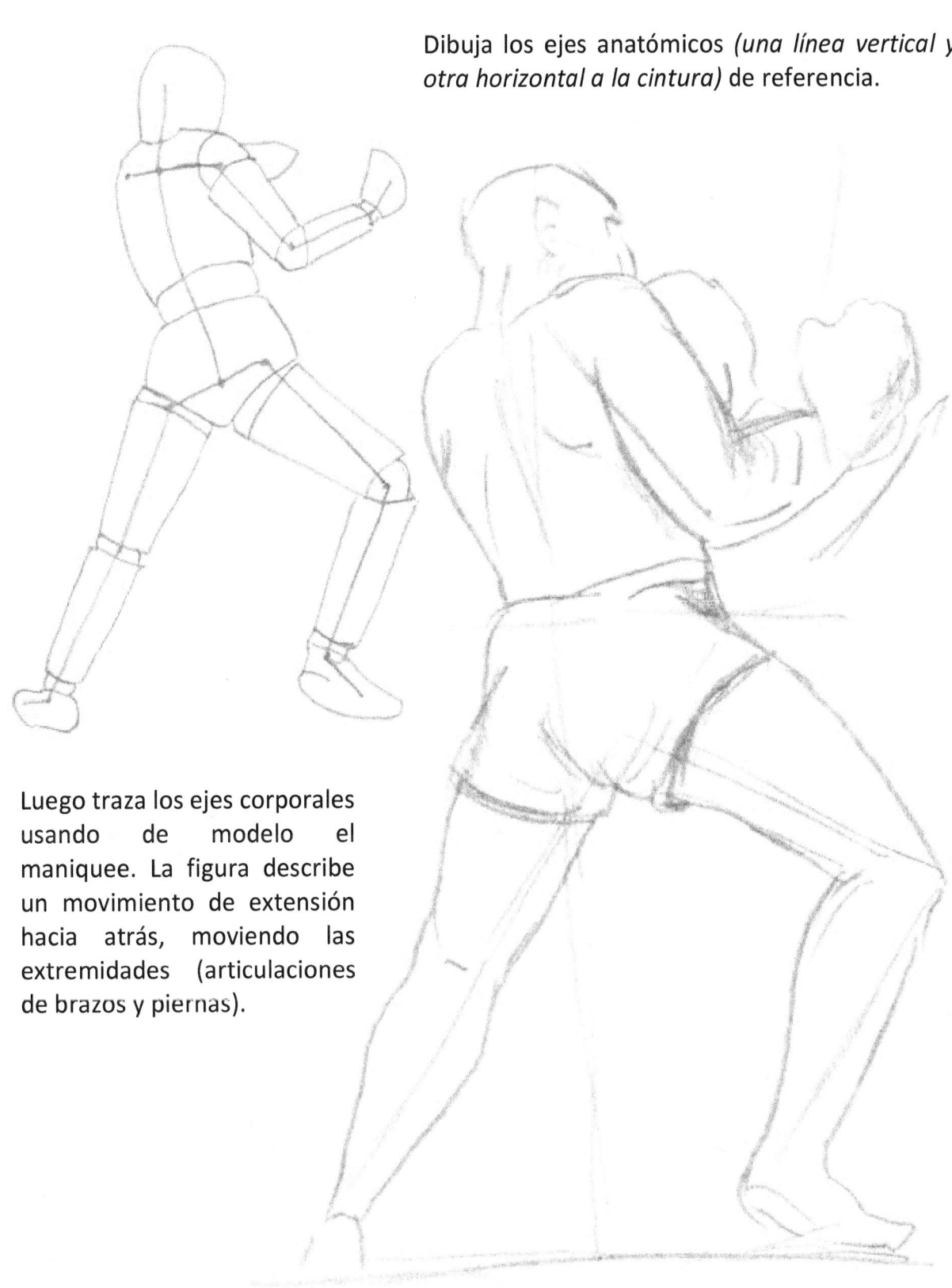

Luego traza los ejes corporales usando de modelo el maniquee. La figura describe un movimiento de extensión hacia atrás, moviendo las extremidades (articulaciones de brazos y piernas).

Acomoda la pose en un triángulo imaginario. Luego traza los ejes corporales usando de modelo el maniquee. La figura describe un movimiento de flexión hacia delante, arqueando la columna vertebral.

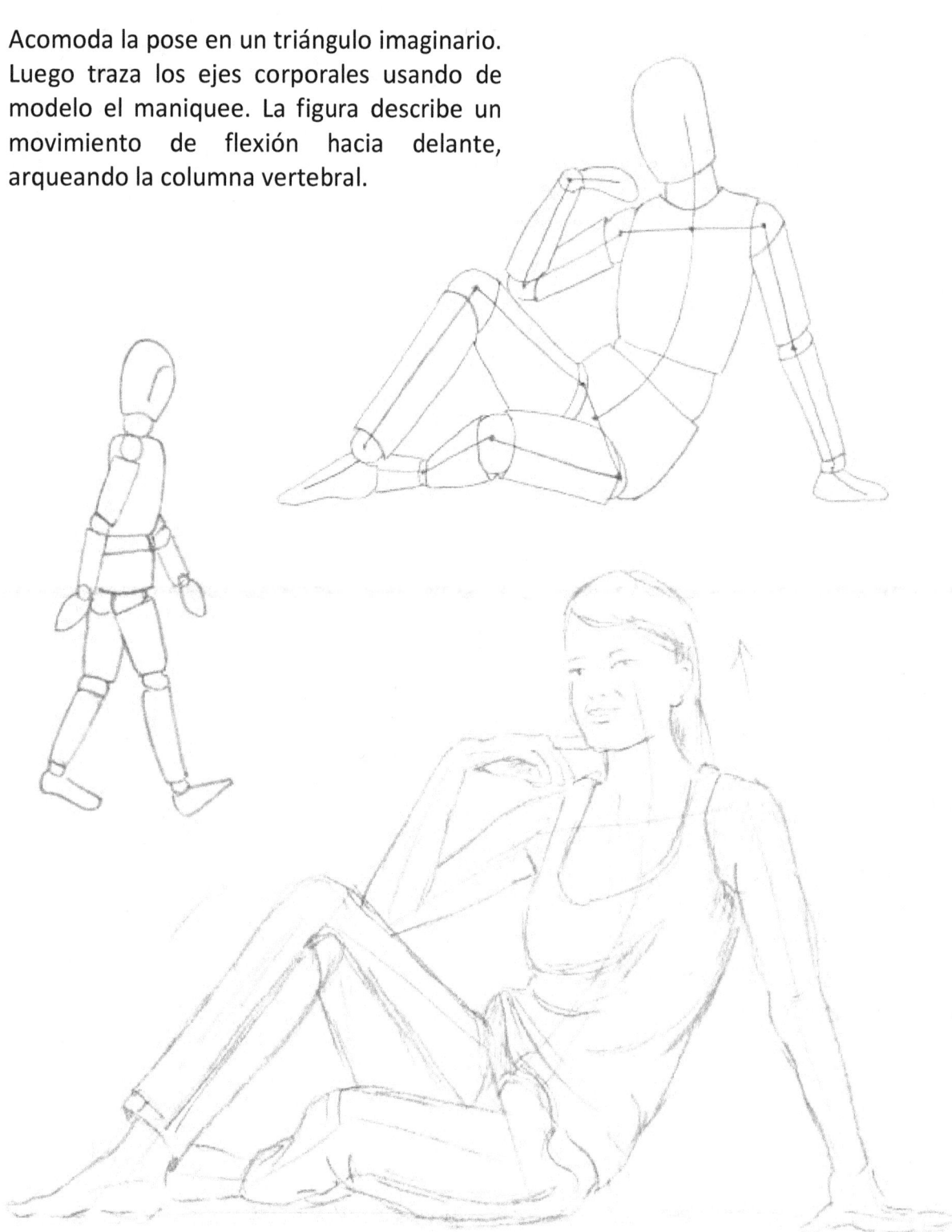

Observa cómo rota la pelvis en el plano trasversal, el peso del torso recae sobre el muslo y el brazo izquierdo.

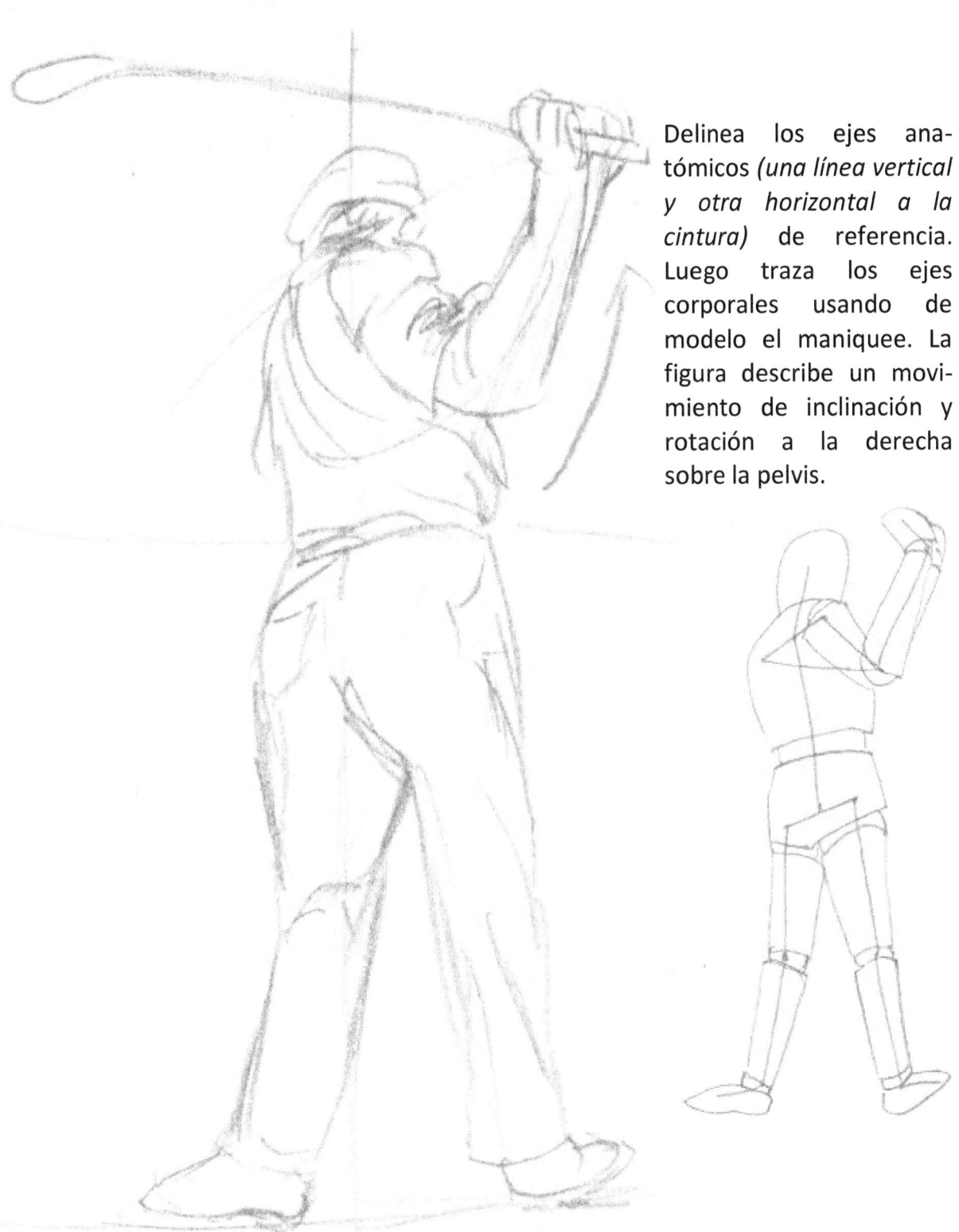

Delinea los ejes anatómicos *(una línea vertical y otra horizontal a la cintura)* de referencia. Luego traza los ejes corporales usando de modelo el maniquee. La figura describe un movimiento de inclinación y rotación a la derecha sobre la pelvis.

Observa cómo los brazos se balancean a cada paso que damos pero en sentido opuesto al movimiento de las piernas.

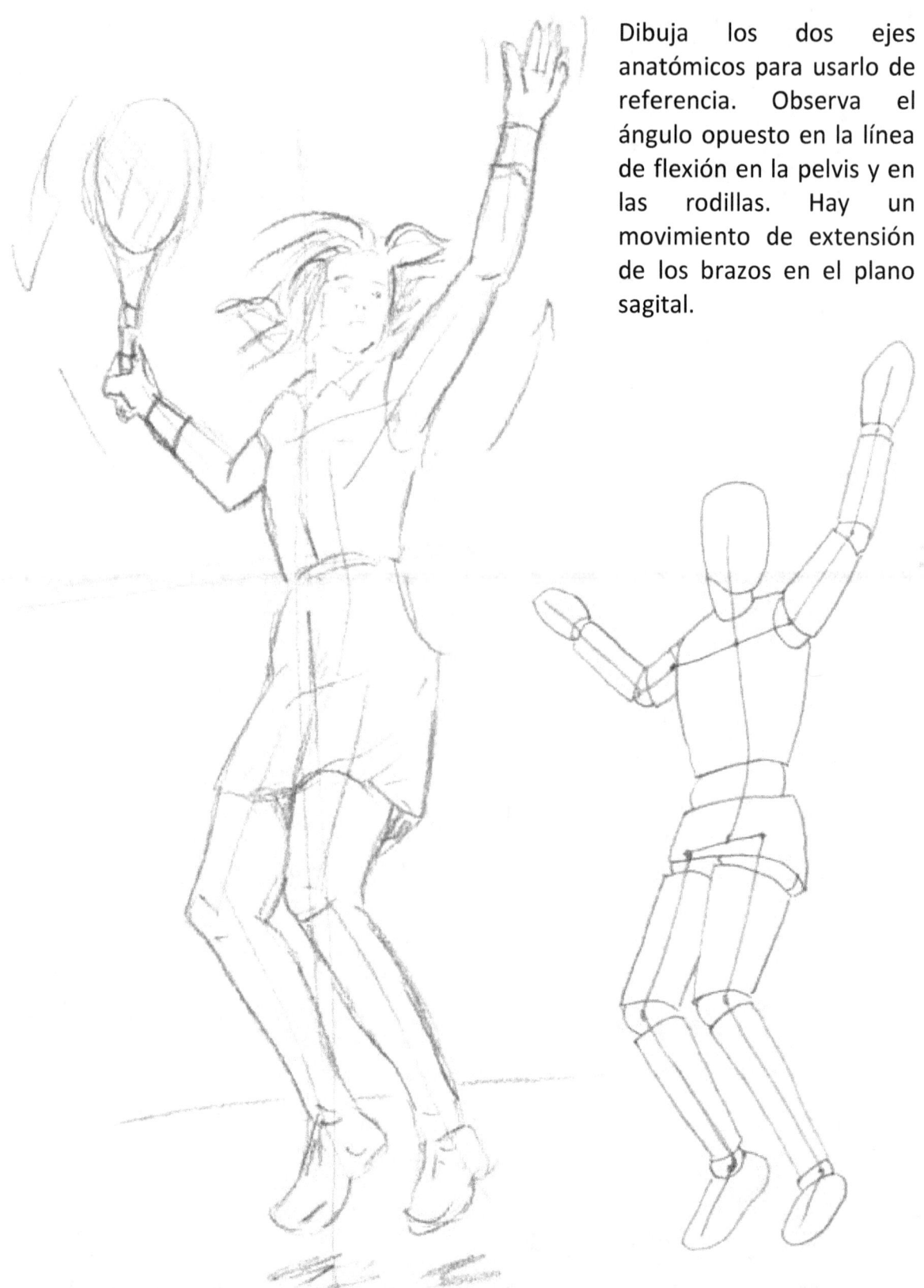

Dibuja los dos ejes anatómicos para usarlo de referencia. Observa el ángulo opuesto en la línea de flexión en la pelvis y en las rodillas. Hay un movimiento de extensión de los brazos en el plano sagital.

Prestar atención de cómo es el movimiento de las articulaciones en ambas piernas al saltar.

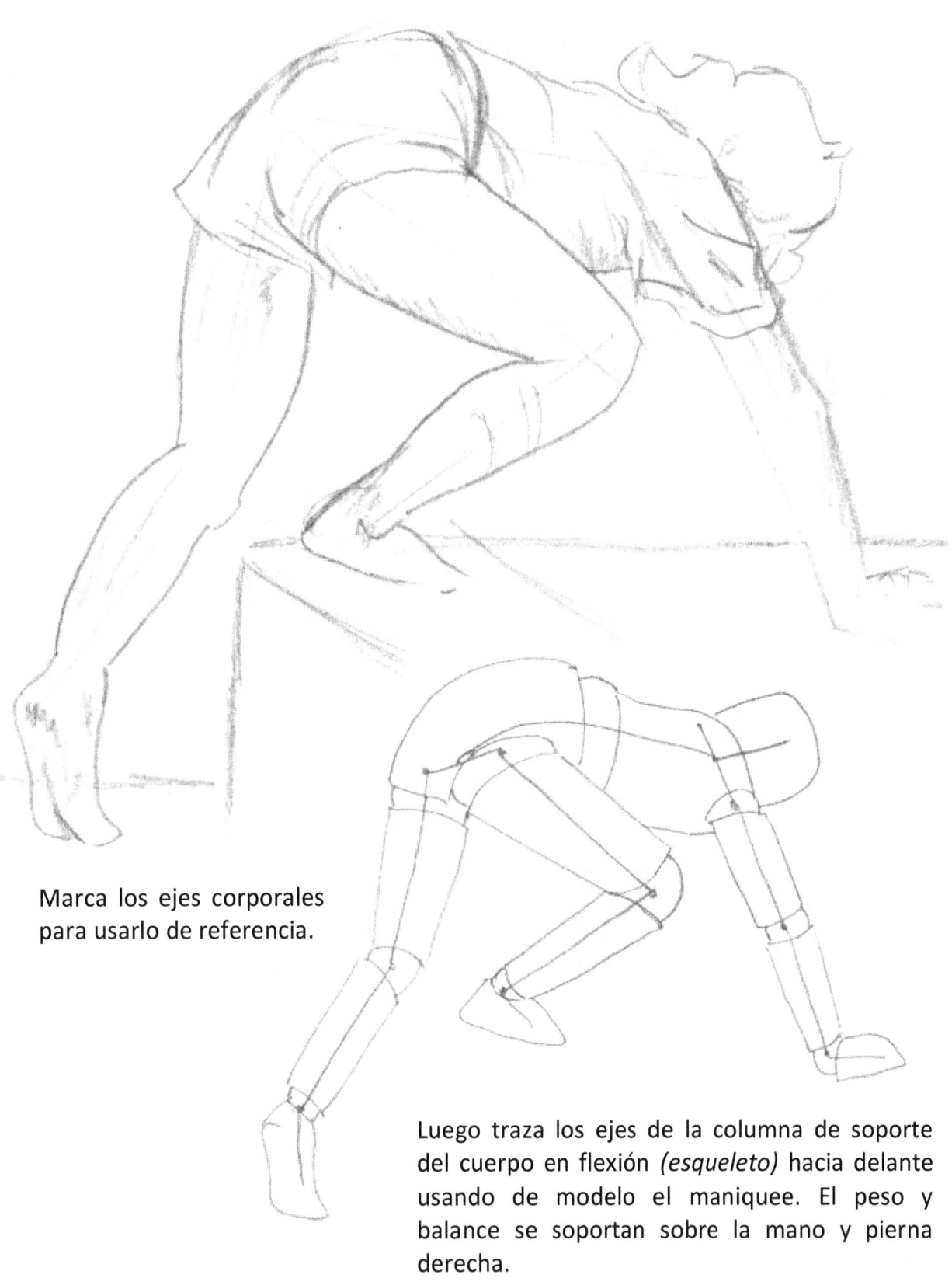

Marca los ejes corporales para usarlo de referencia.

Luego traza los ejes de la columna de soporte del cuerpo en flexión *(esqueleto)* hacia delante usando de modelo el maniquee. El peso y balance se soportan sobre la mano y pierna derecha.

Dibuja el eje vertical anteroposterior inclinado en ángulo hacia delante. Luego traza los ejes corporales de los brazos y las piernas usando de modelo el maniquee.

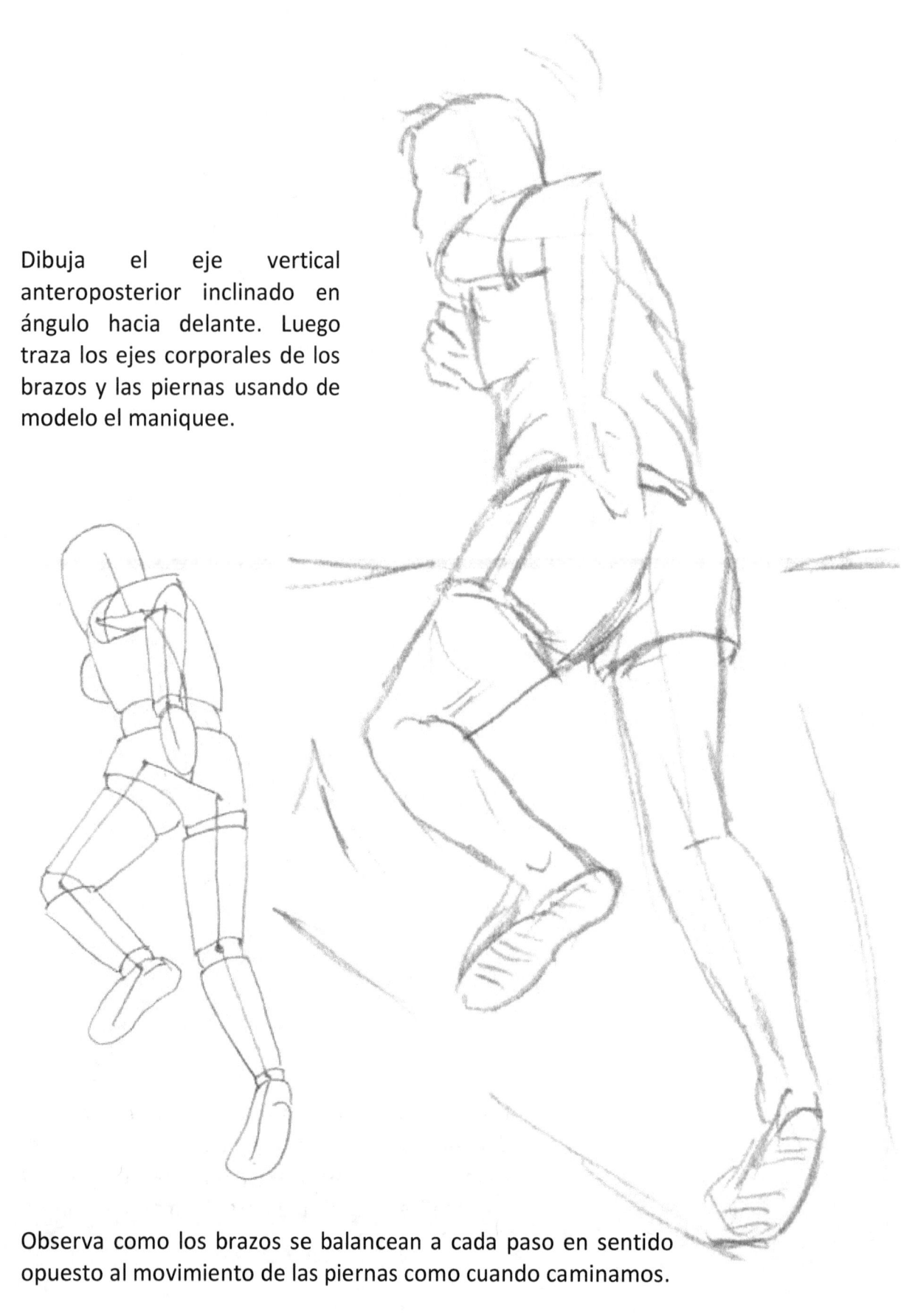

Observa como los brazos se balancean a cada paso en sentido opuesto al movimiento de las piernas como cuando caminamos.

Acomoda la pose en un triángulo imaginario. Luego traza los ejes corporales usando de modelo el maniquee. La figura describe un movimiento de flexión desde la pelvis con la columna vertebral derecha apoyando el peso y balance en ambos brazos hacia atrás.

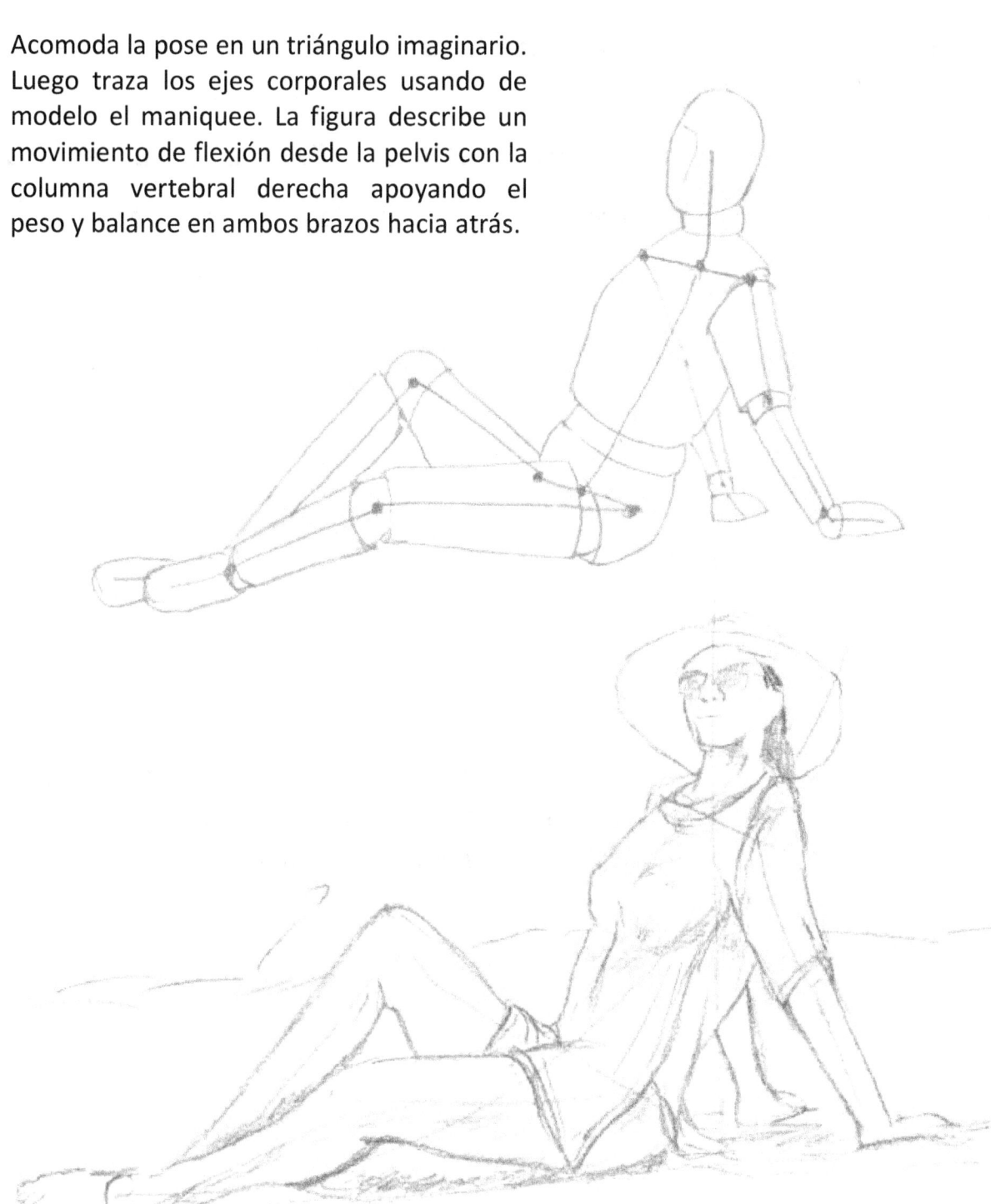

Observa cómo la pierna derecha dobla en ángulo recto paralelo a la columna vertebral y el muslo en igual ángulo con los brazos, sosteniendo el centro de gravedad entre la pelvis y los brazos. La pose describe la forma de la letra [M].

TÉCNICAS BÁSICAS PARA EL DIBUJO

Las correcciones no desmerecen el dibujo de figura en movimiento, al contrario brindan mayor información de su estudio y reflejan dinamismo y espontaneidad. Dibuja con soltura y libertad. No te preocupes por trazar y retrasar una línea sobre otra al principio, luego podrás borrarlas.

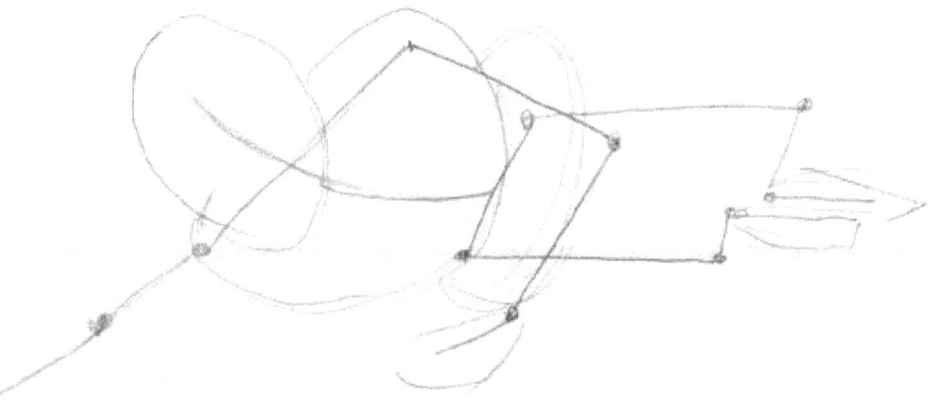

Planifica tu dibujo trazando unas líneas guías con los ejes del torso y las extremidades (*ejes corporales*) manteniendo las proporciones de la figura.

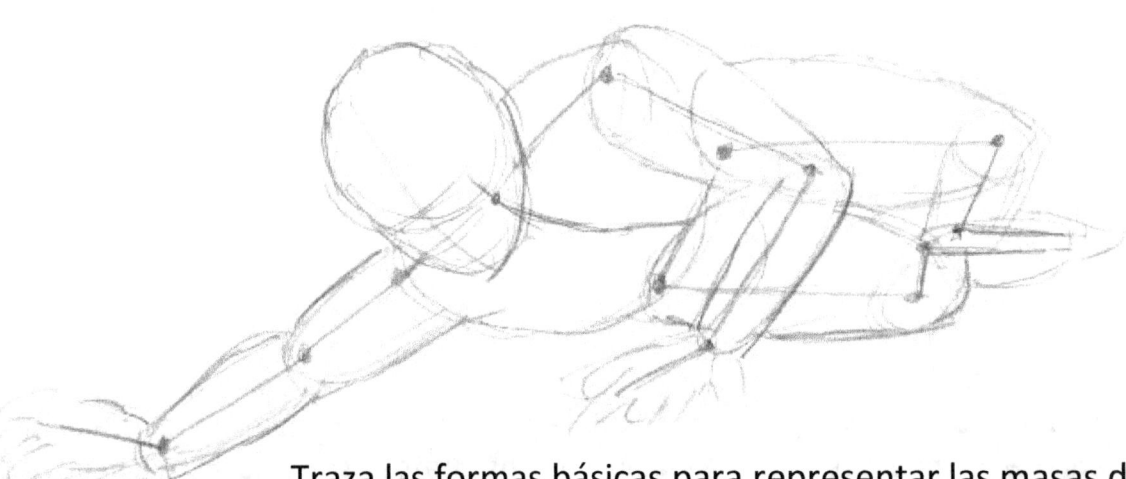

Traza las formas básicas para representar las masas del cuerpo usando círculos y óvalos (*dibujo de rollitos*).

Una vez que has fijado todas las articulaciones de la pose, traza y se acentúa un poco más en el contorno, te aconsejo presionar más el lápiz en los puntos en sombra y comenzar el sombreado interno para resaltar los volúmenes y completar adecuadamente la anatomía y movimiento.

Esboza ligeramente los contornos de la figura lo más realista posible.

Añade profundidad y volumen marcando luces y sombras. Más detalles de los componentes del claroscuro en las páginas 68 a la 73.

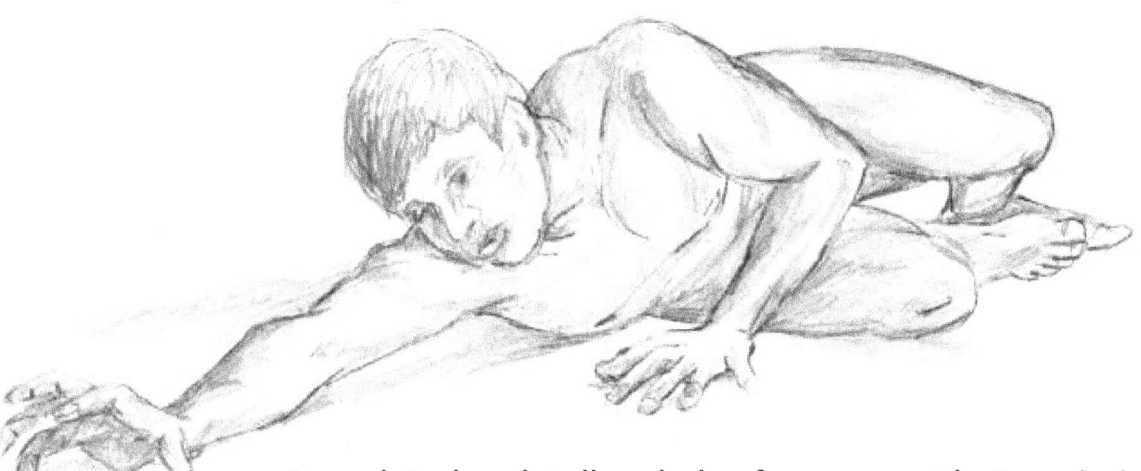

Completa los detalles de las formas anatómicas de los huesos y la tensión de los músculos que se manifiestan en la superficie de la piel con el sombreado.

Movimiento del eje al caminar

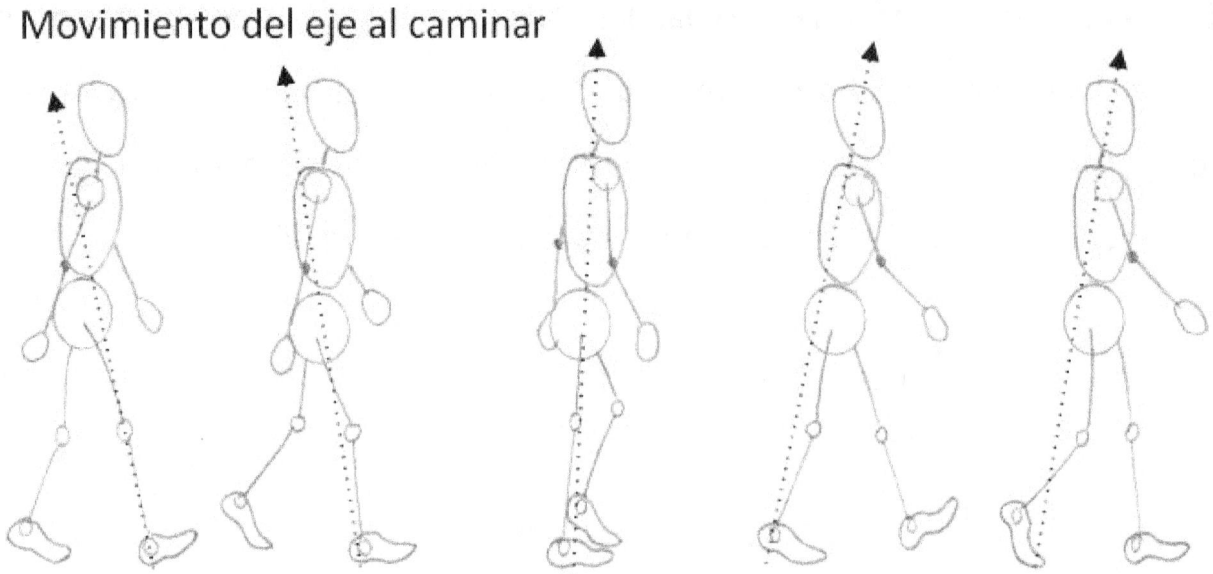

Observa en las gráficas la posición que adquieren los brazos y las piernas al caminar o al correr. La secuencia animada te da una idea con más claridad de cómo se disponen los brazos y piernas en cada una de las faces al caminar o correr. El ángulo del eje en el cuerpo cambia según se ejecuta cada uno de los movimientos.

Movimiento al correr

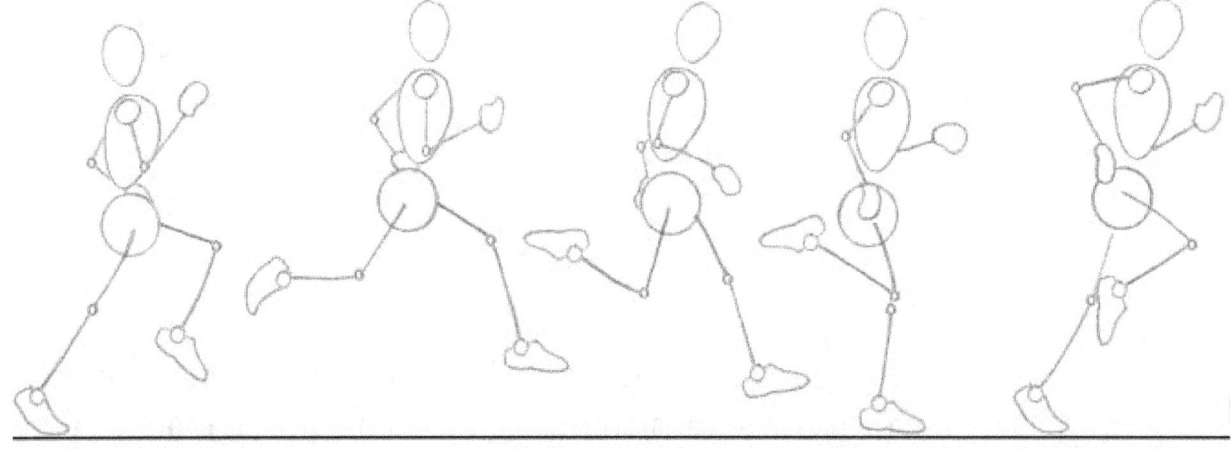

Estudio del movimiento de una bailarina de ballet

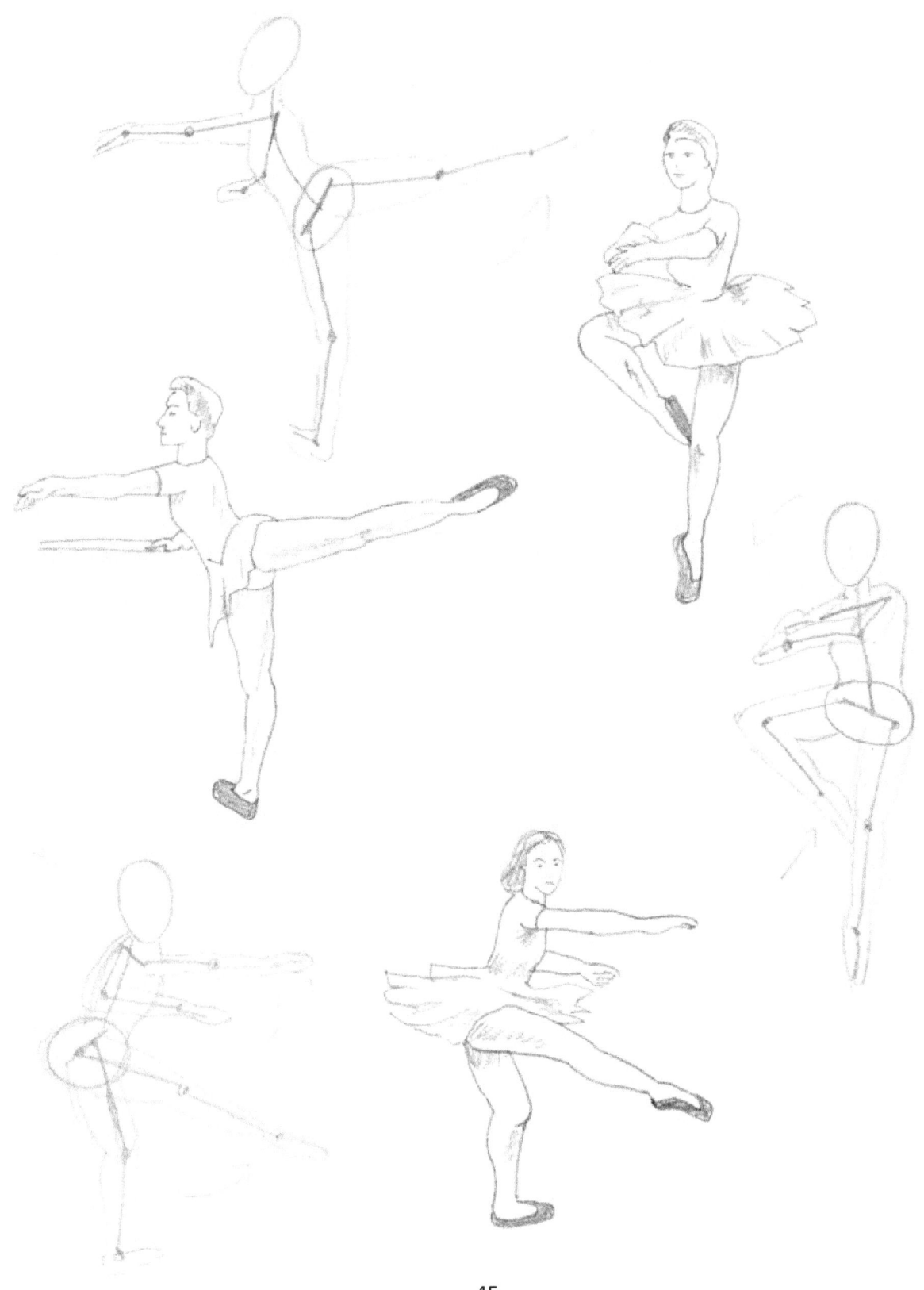

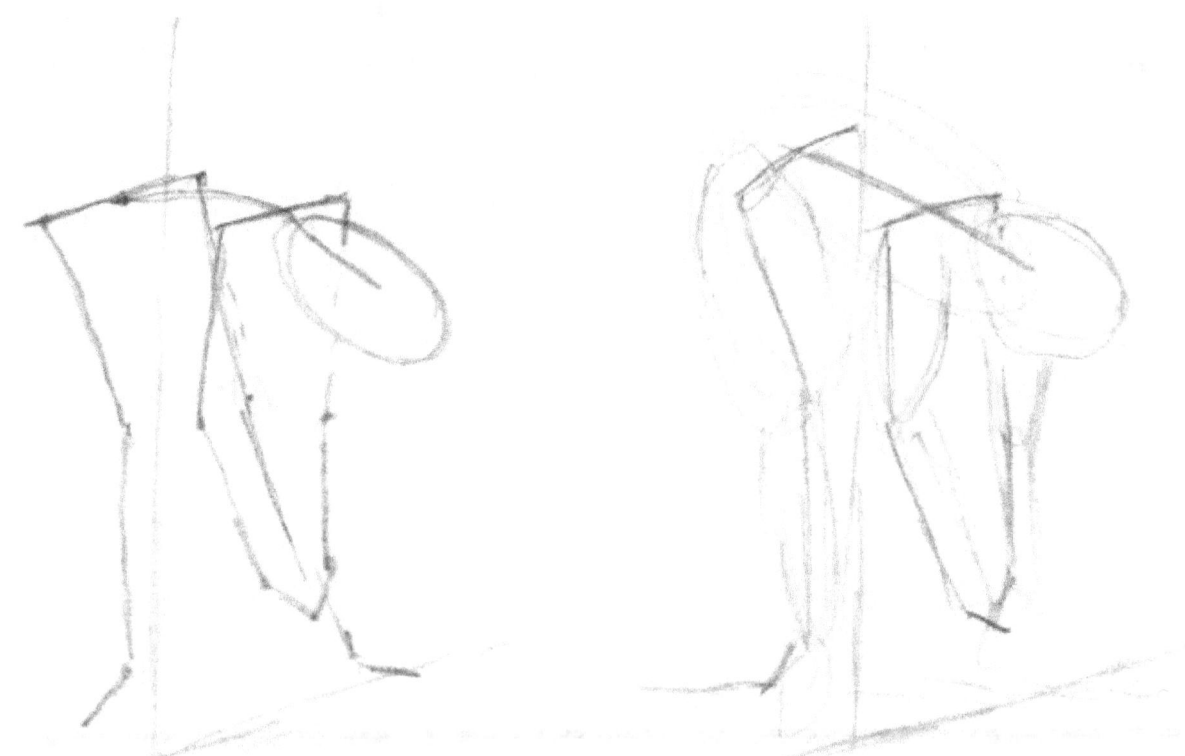

La bailarina está doblada amarrando su zapatilla izquierda. Movimiento rotación y de flexión en el eje sagital desde la pelvis hacia adelante.

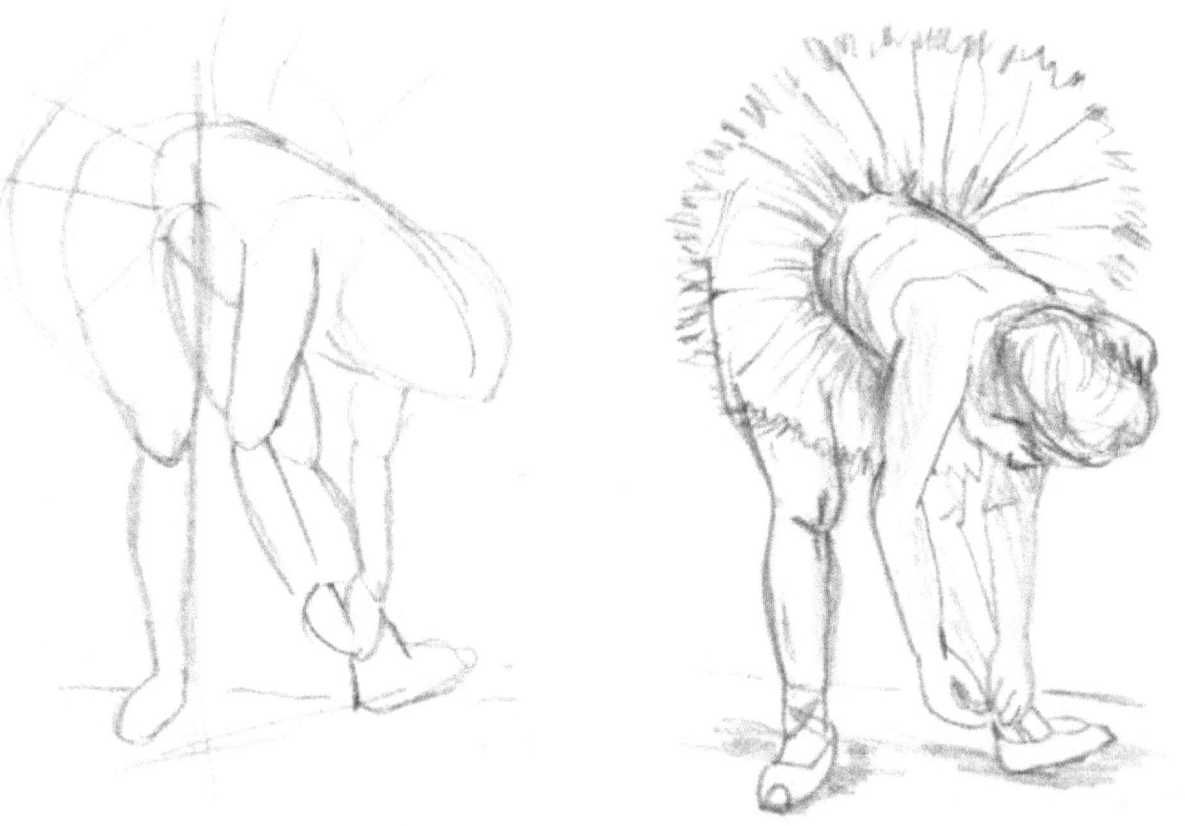

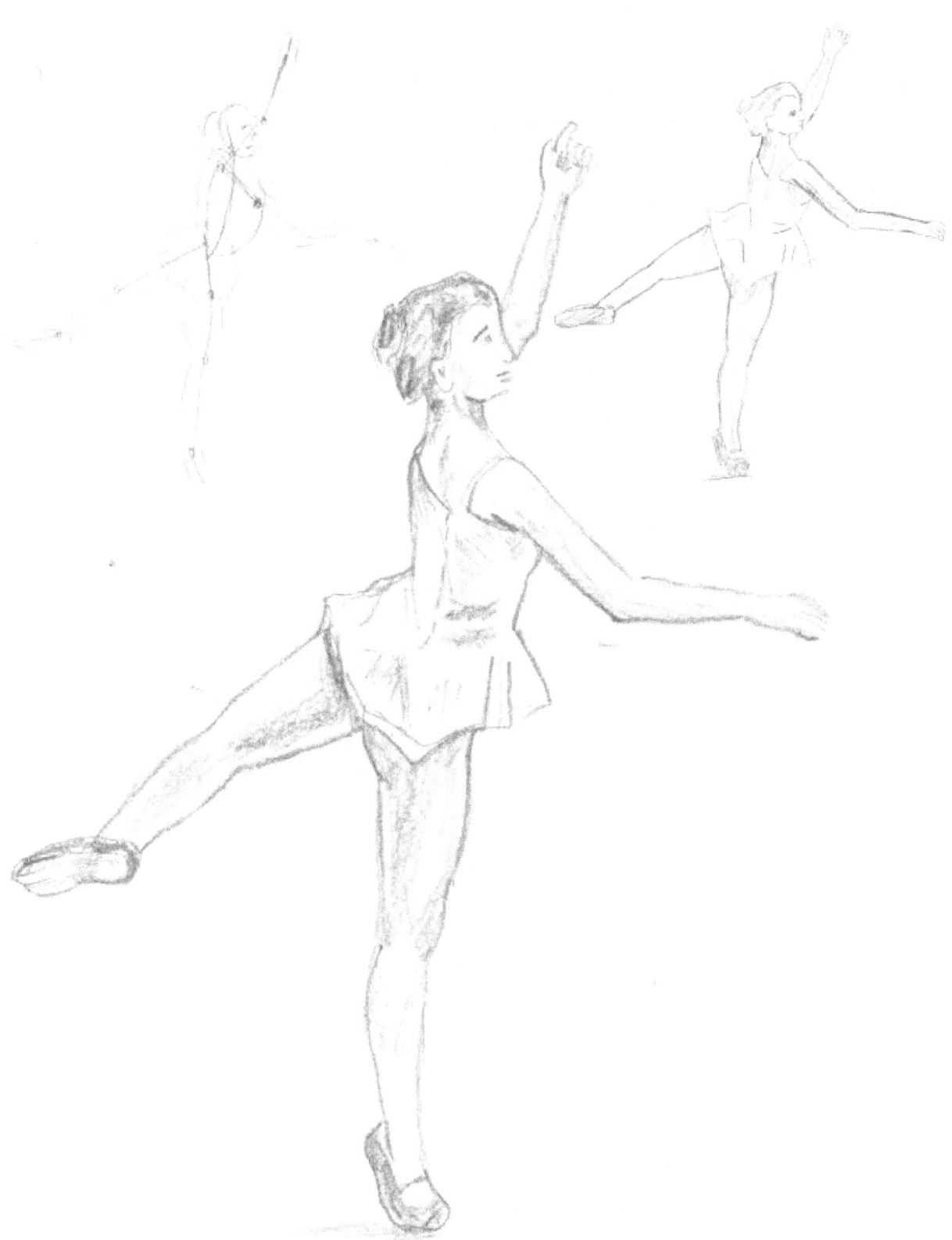

La bailarina está sostenida en peso y balance sobre su pierna derecha. Movimientos combinados de rotación, inclinación y de extensión.

La modelo esta recostada de una columna con su brazo izquierdo sobre su cabeza y con la espalda arqueada en un movimiento de extensión hacia atrás.

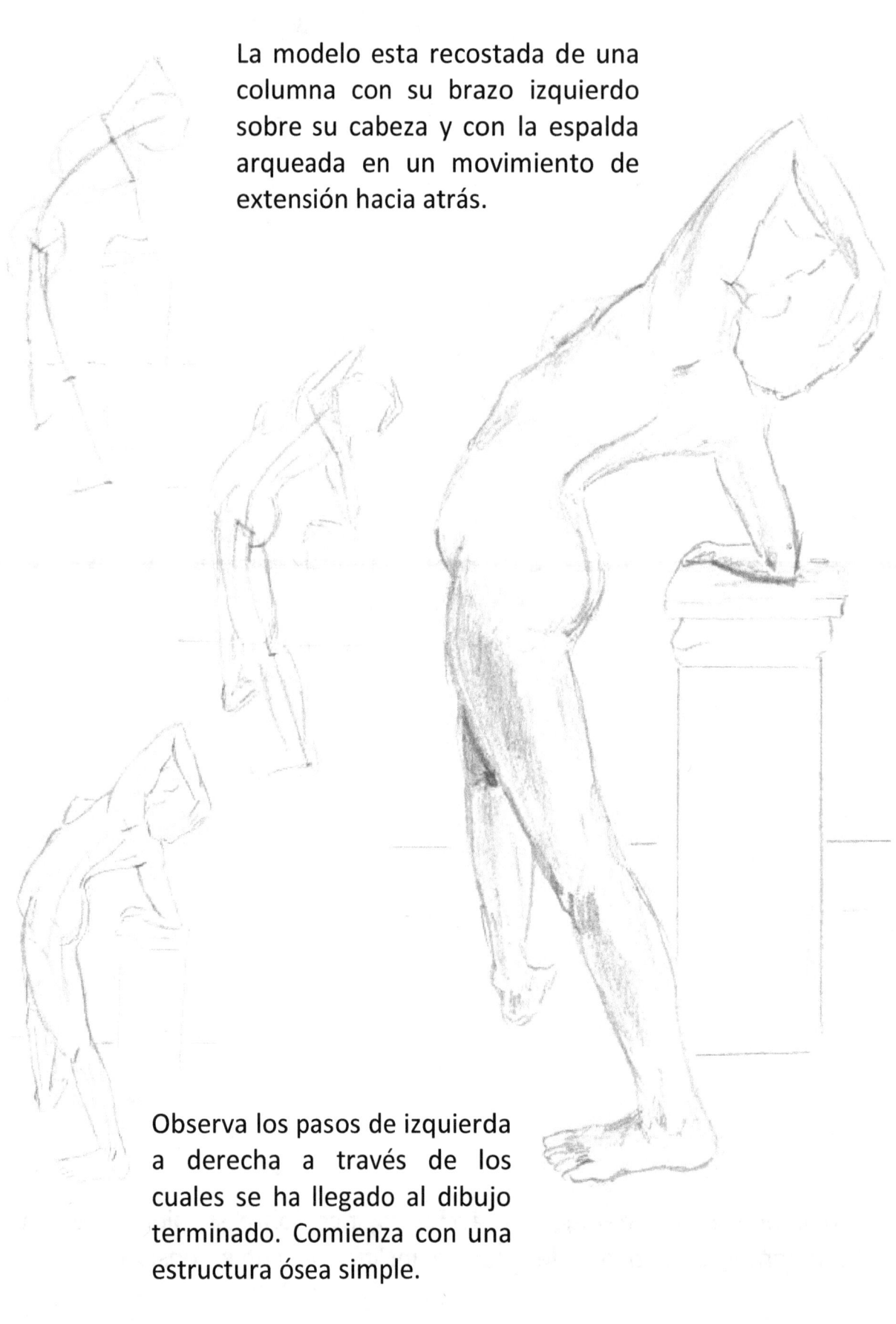

Observa los pasos de izquierda a derecha a través de los cuales se ha llegado al dibujo terminado. Comienza con una estructura ósea simple.

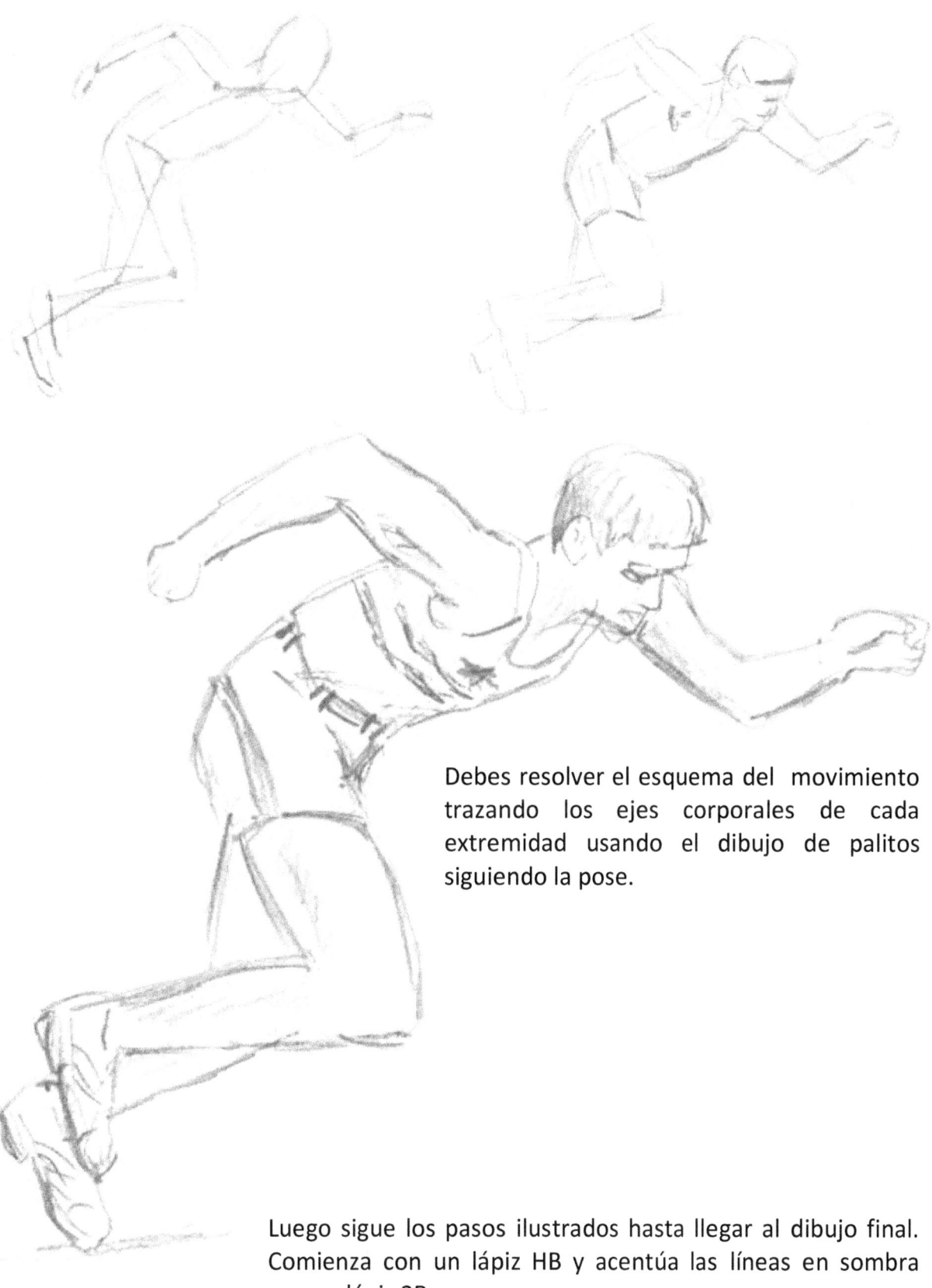

Debes resolver el esquema del movimiento trazando los ejes corporales de cada extremidad usando el dibujo de palitos siguiendo la pose.

Luego sigue los pasos ilustrados hasta llegar al dibujo final. Comienza con un lápiz HB y acentúa las líneas en sombra con un lápiz 2B.

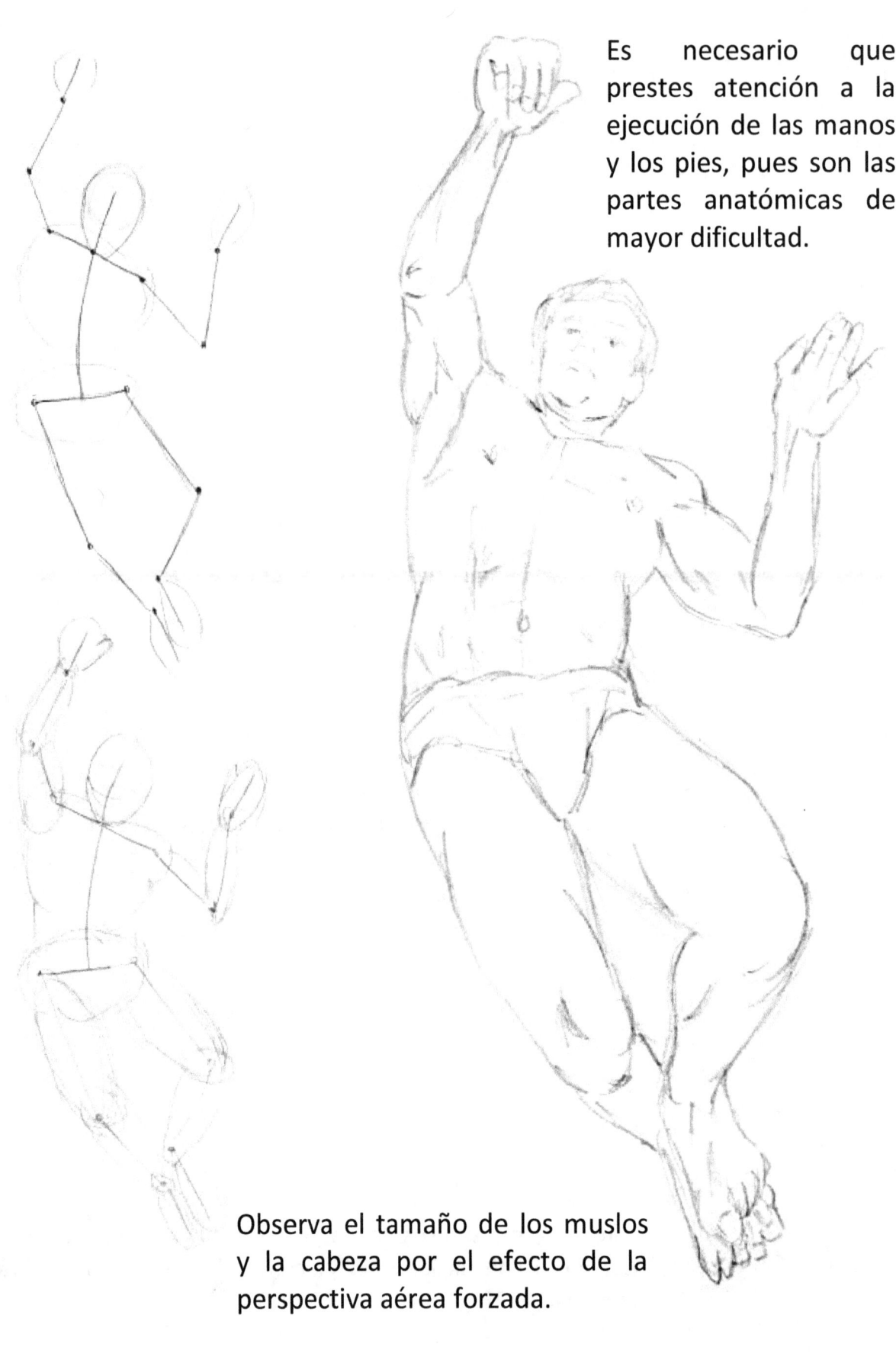

Es necesario que prestes atención a la ejecución de las manos y los pies, pues son las partes anatómicas de mayor dificultad.

Observa el tamaño de los muslos y la cabeza por el efecto de la perspectiva aérea forzada.

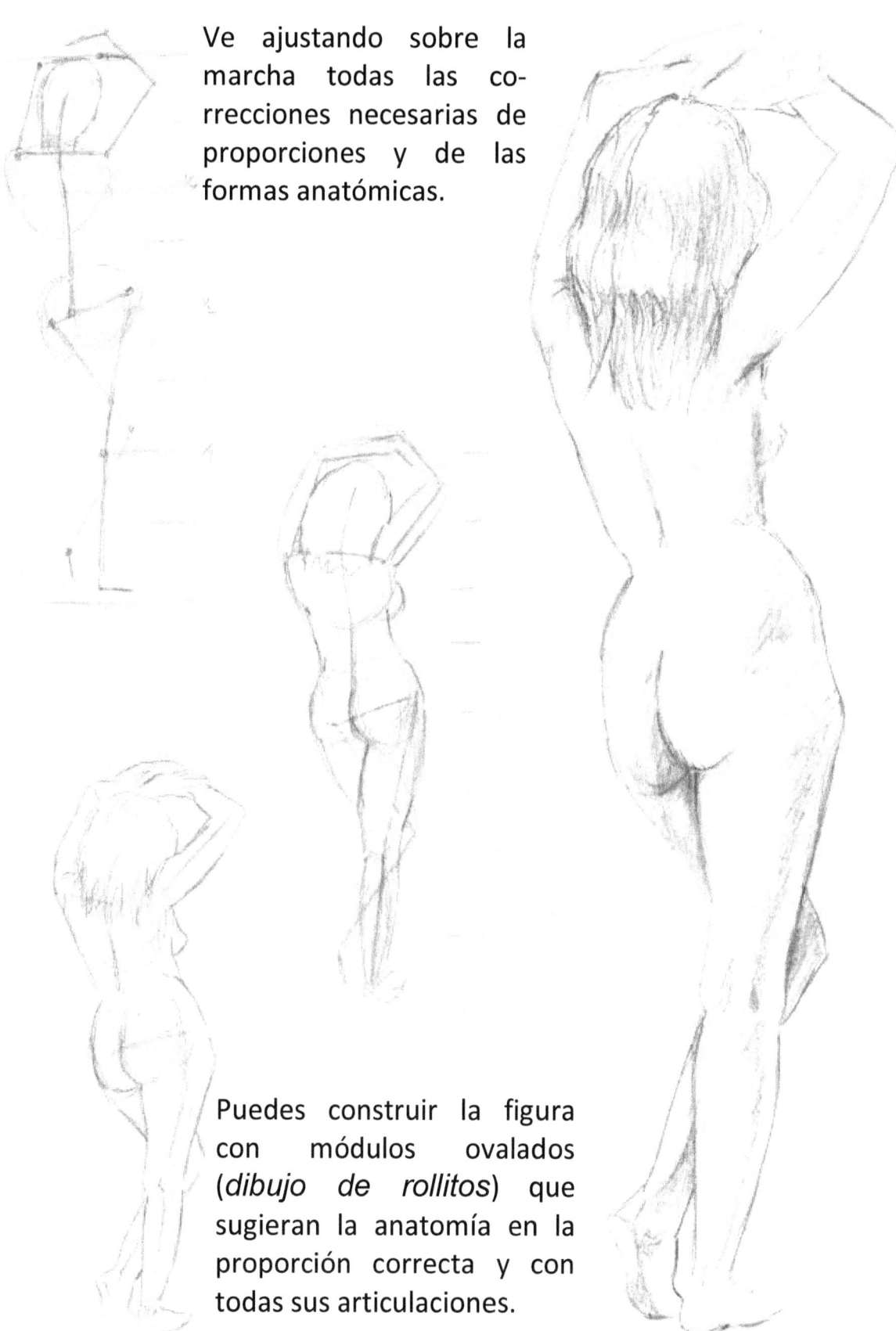

Ve ajustando sobre la marcha todas las correcciones necesarias de proporciones y de las formas anatómicas.

Puedes construir la figura con módulos ovalados (*dibujo de rollitos*) que sugieran la anatomía en la proporción correcta y con todas sus articulaciones.

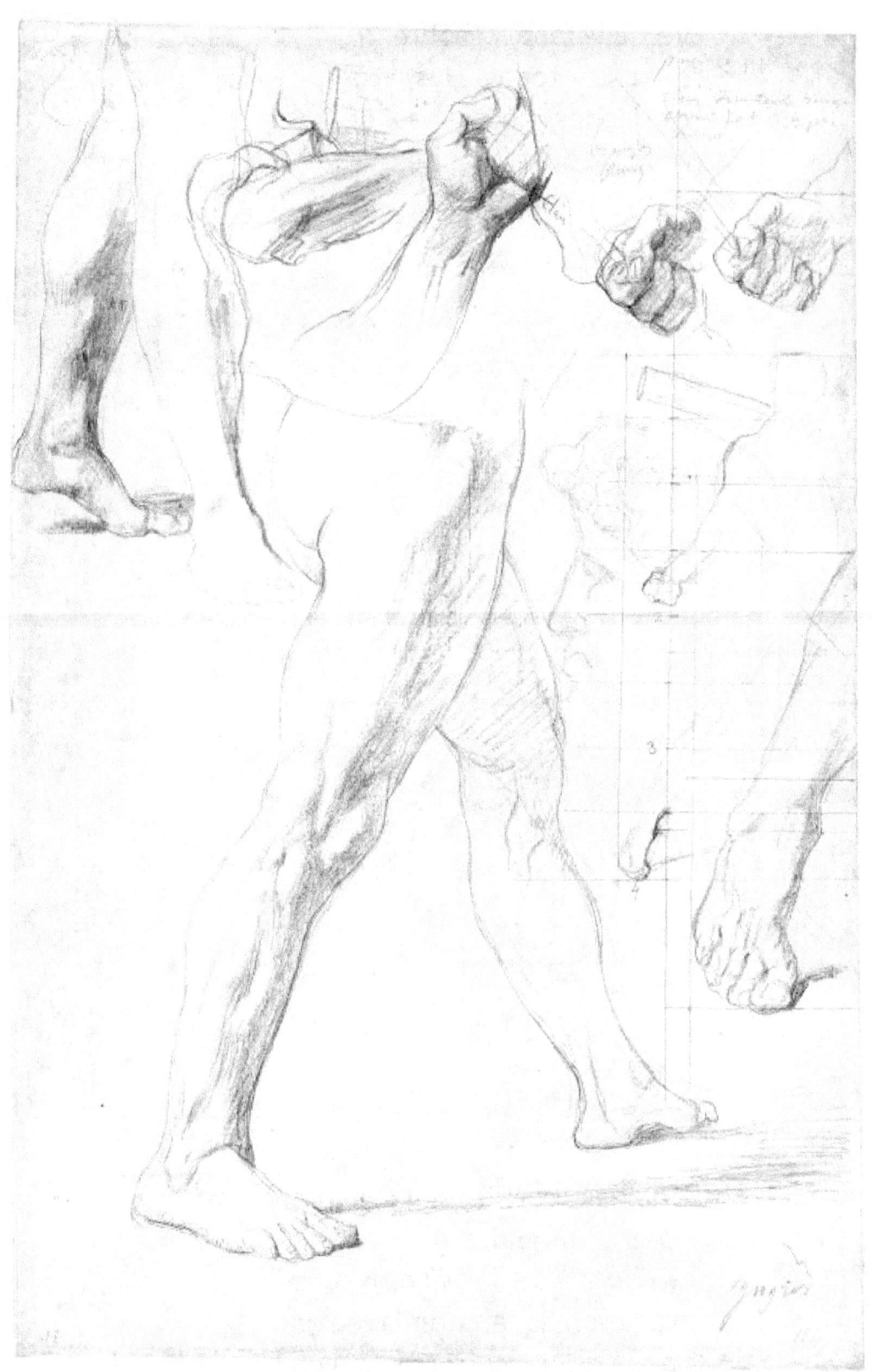

Estudio de movimiento de brazos y piernas realizado por Dominique Ingres

DIBUJOS PARA PRACTICAR

Ya aprendiste a identificar la estructura muscular y articulaciones básicas en las expresiones y movimientos del cuerpo humano, ahora dibujaremos algunos ejemplos que muestren poses en acción y poses de movimiento implícito. Las expresiones y estados de ánimo se reflejan en la disposición y forma en que se dibujan las partes del cuerpo. Los brazos, el torso, las manos y la expresión en el rostro se dibujan con estas alteraciones para mostrar el estado de ánimo y la acción. Un movimiento o acción que implique fuerza es muy diferente a cuando los músculos y el cuerpo están relajados. El rostro también adquiere una expresión muy distinta estando el cuerpo en tención o relajamiento. Estudiaremos como dibujar algunas poses y movimientos más comunes. Recuerda que el uso de los ejes facilitará el comienzo de tus bocetos.

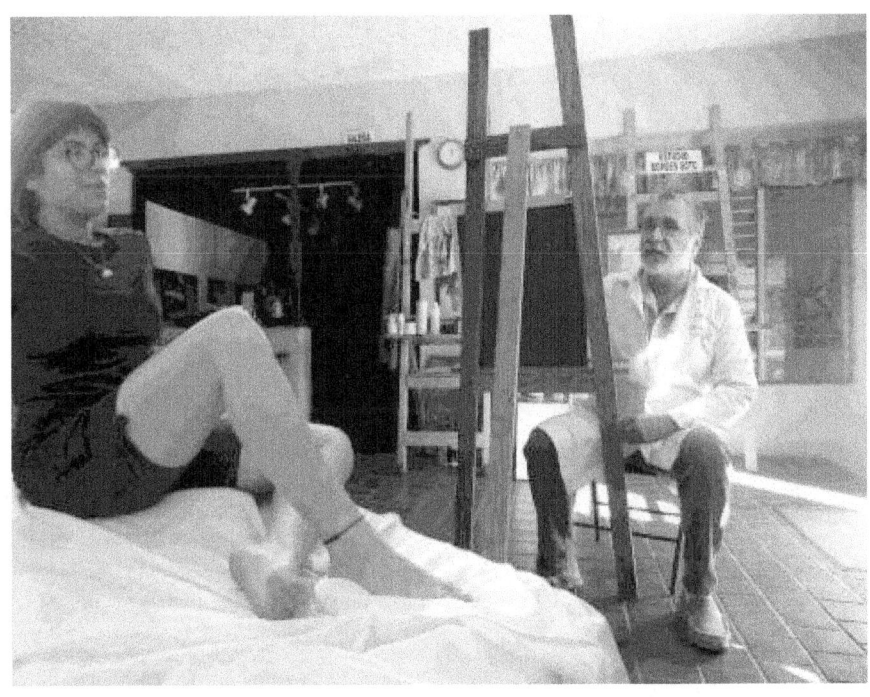

A continuación puedes copiar los siguientes dibujos como práctica o usarlos de referencia para crear tus propios dibujos.

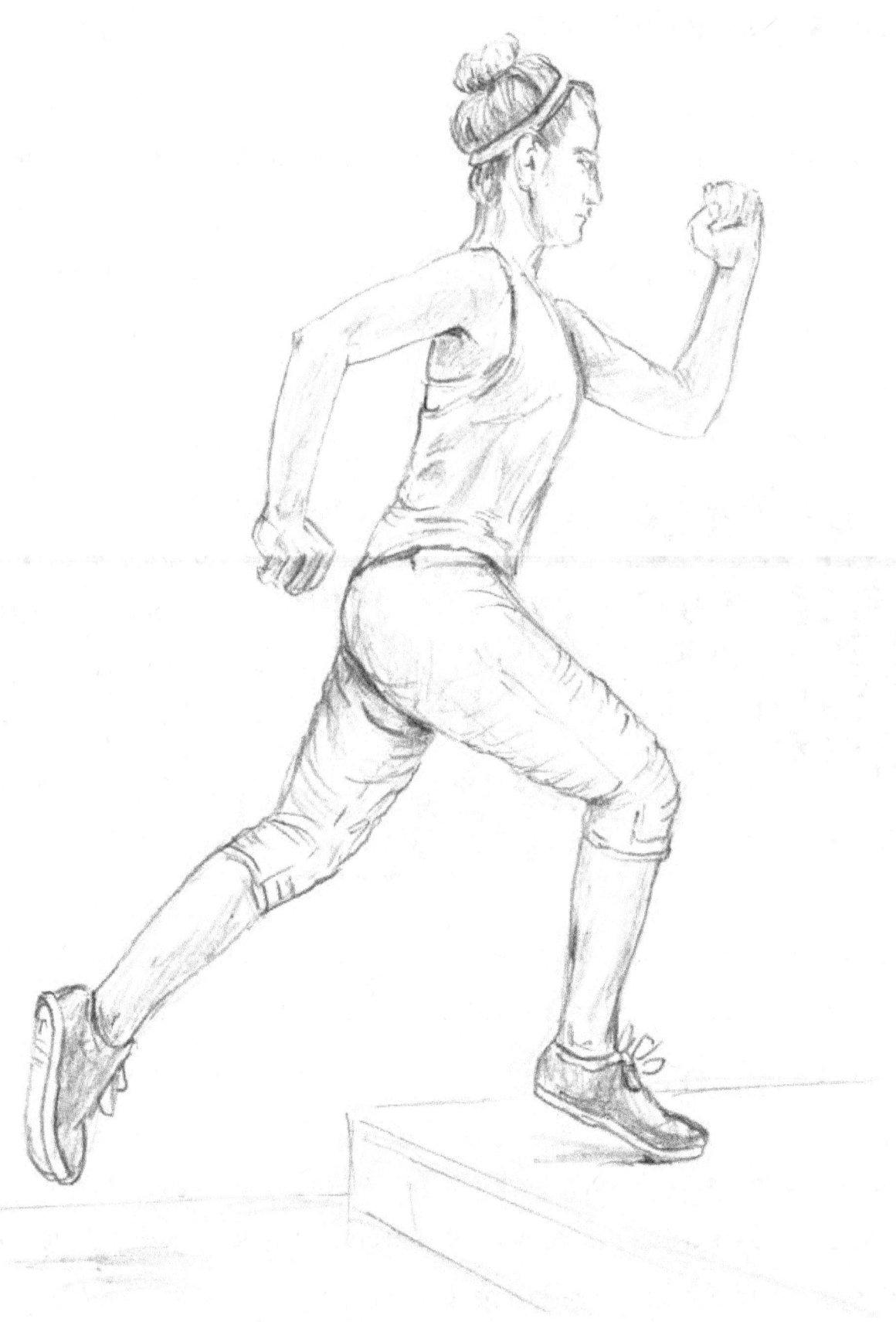

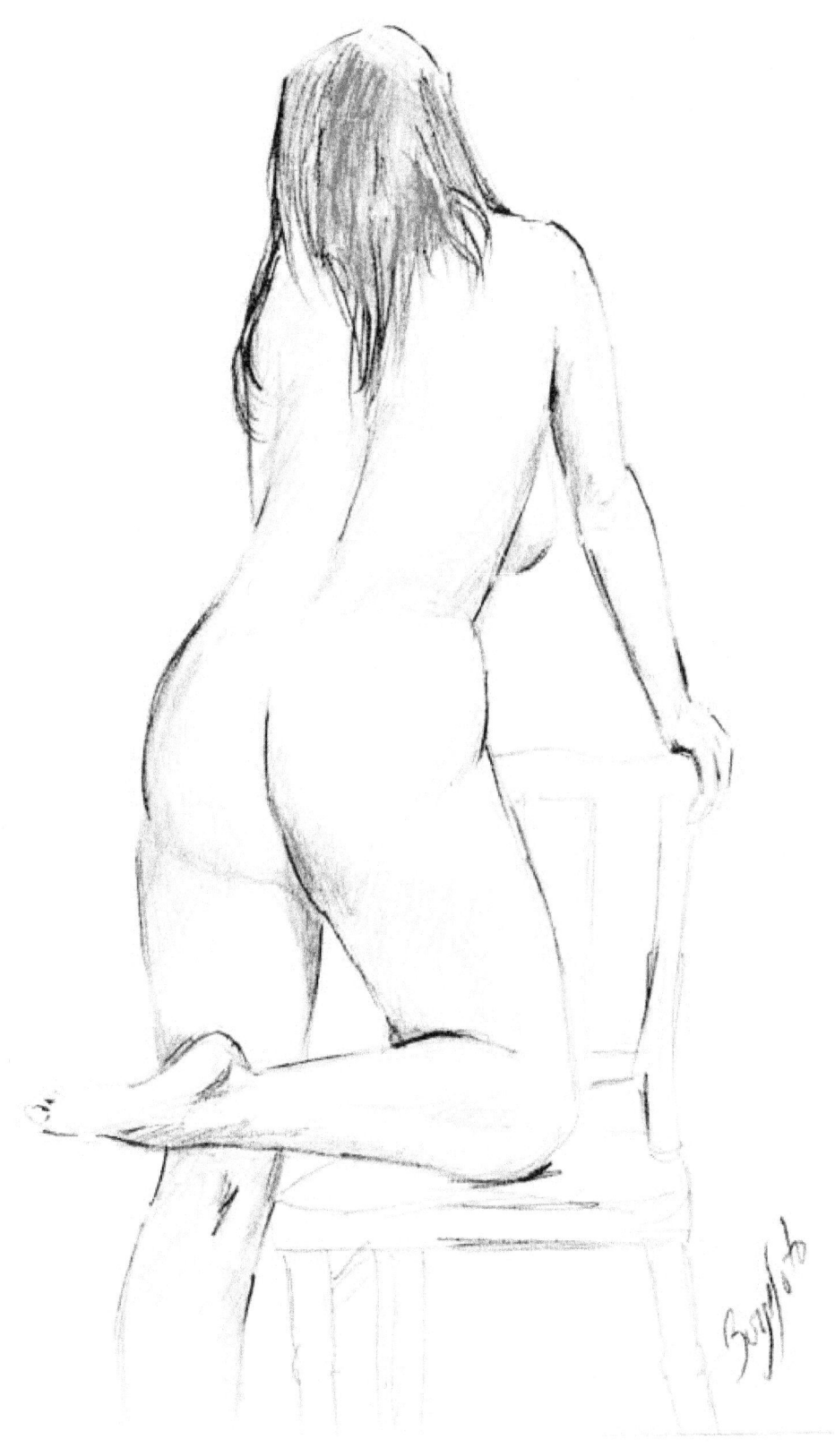

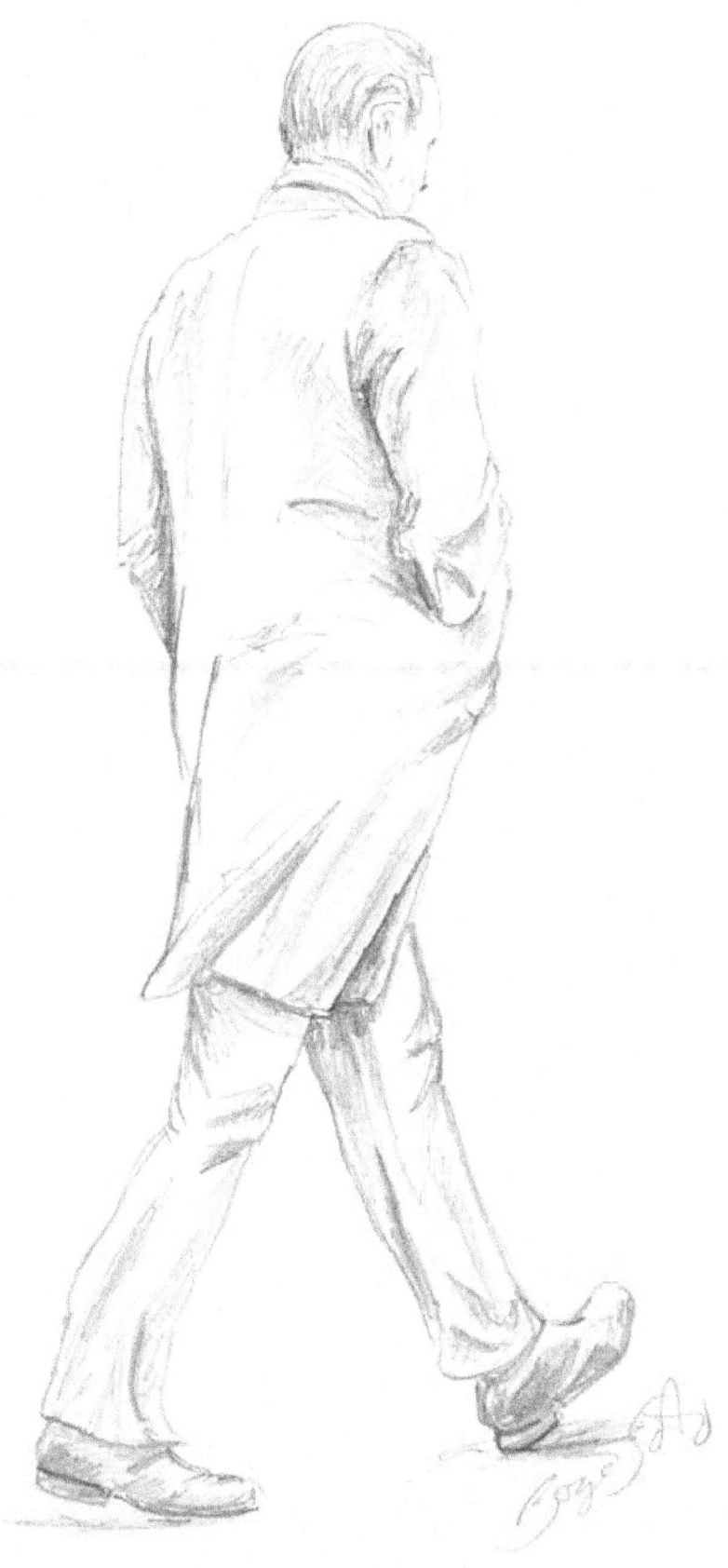

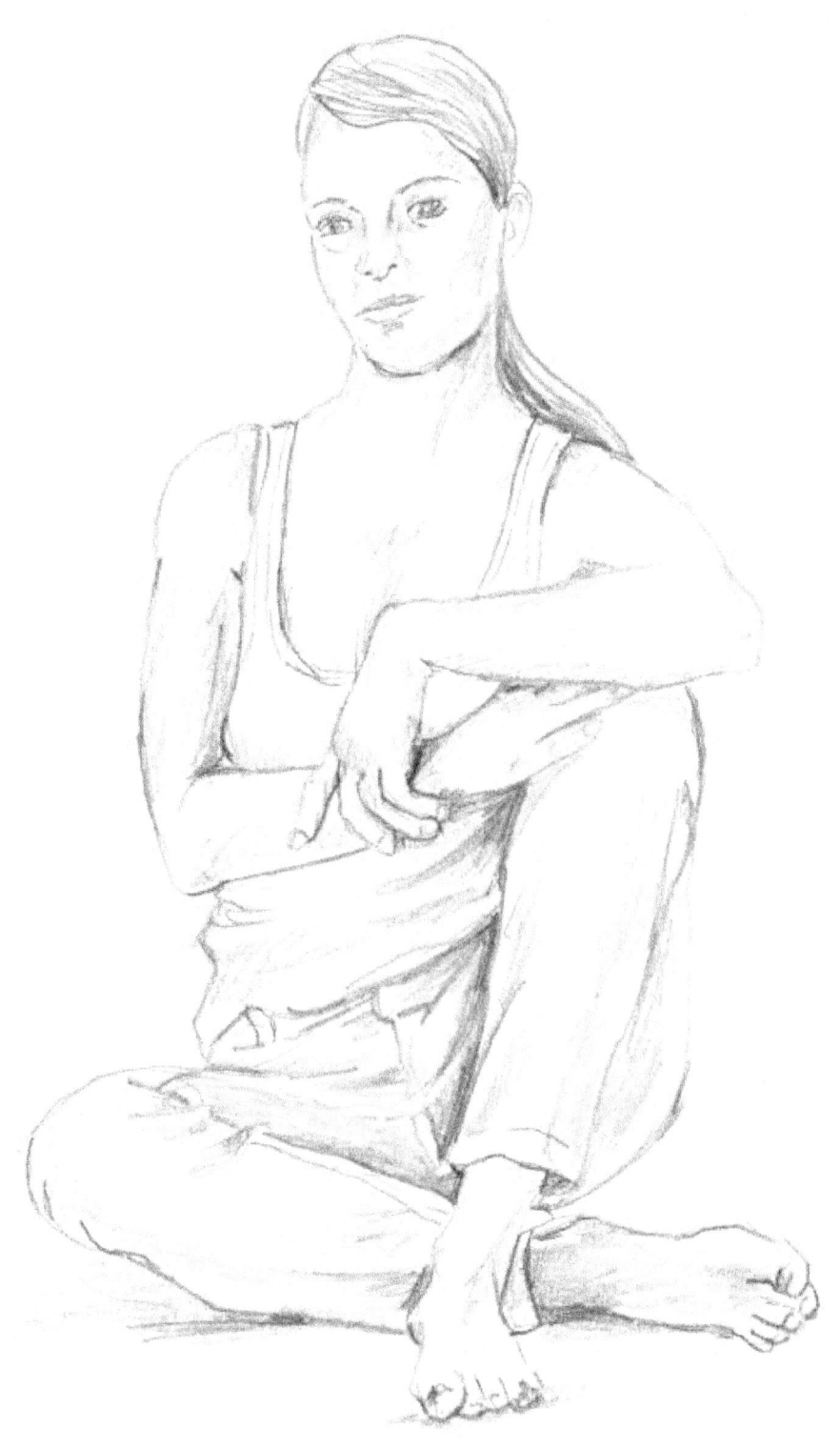

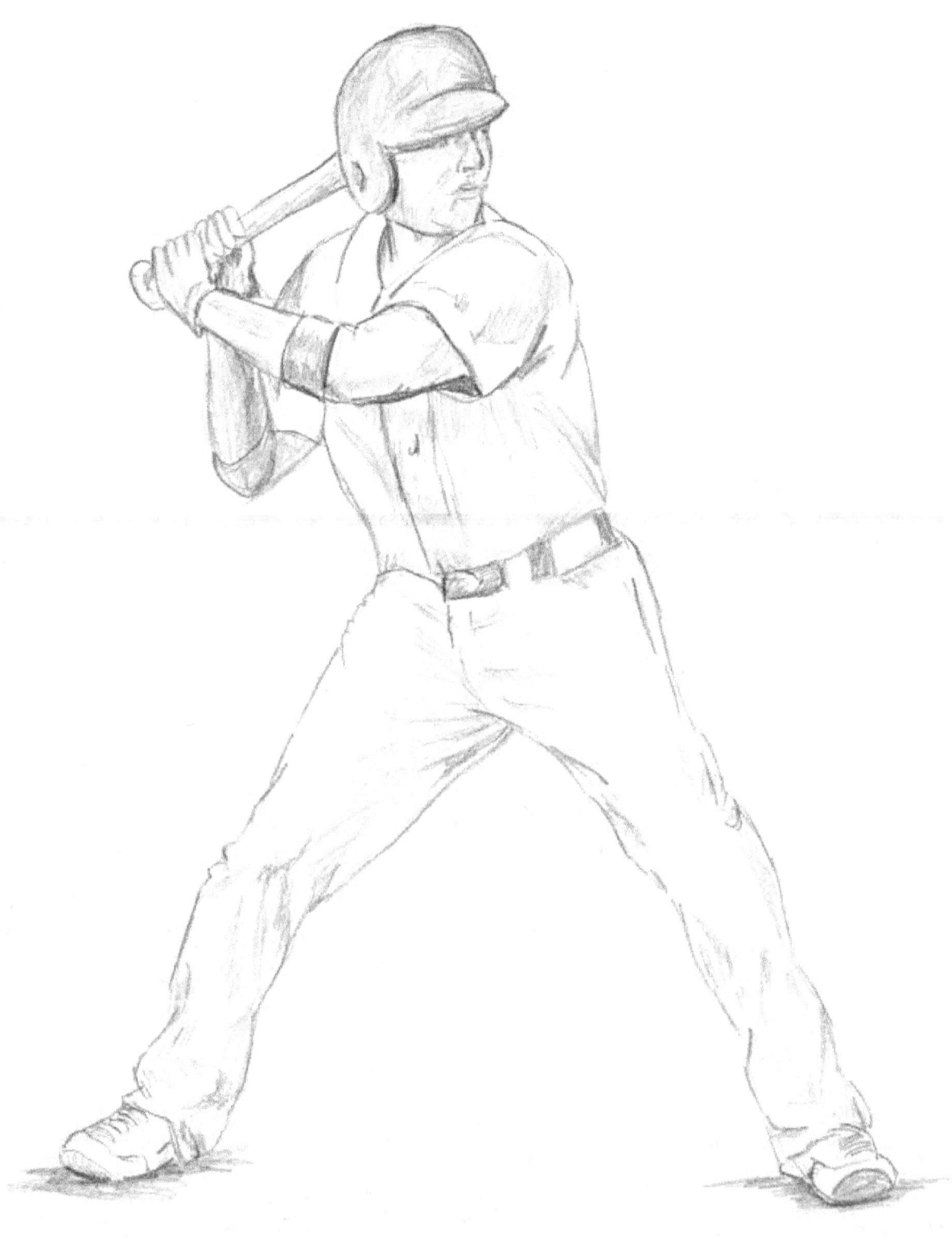

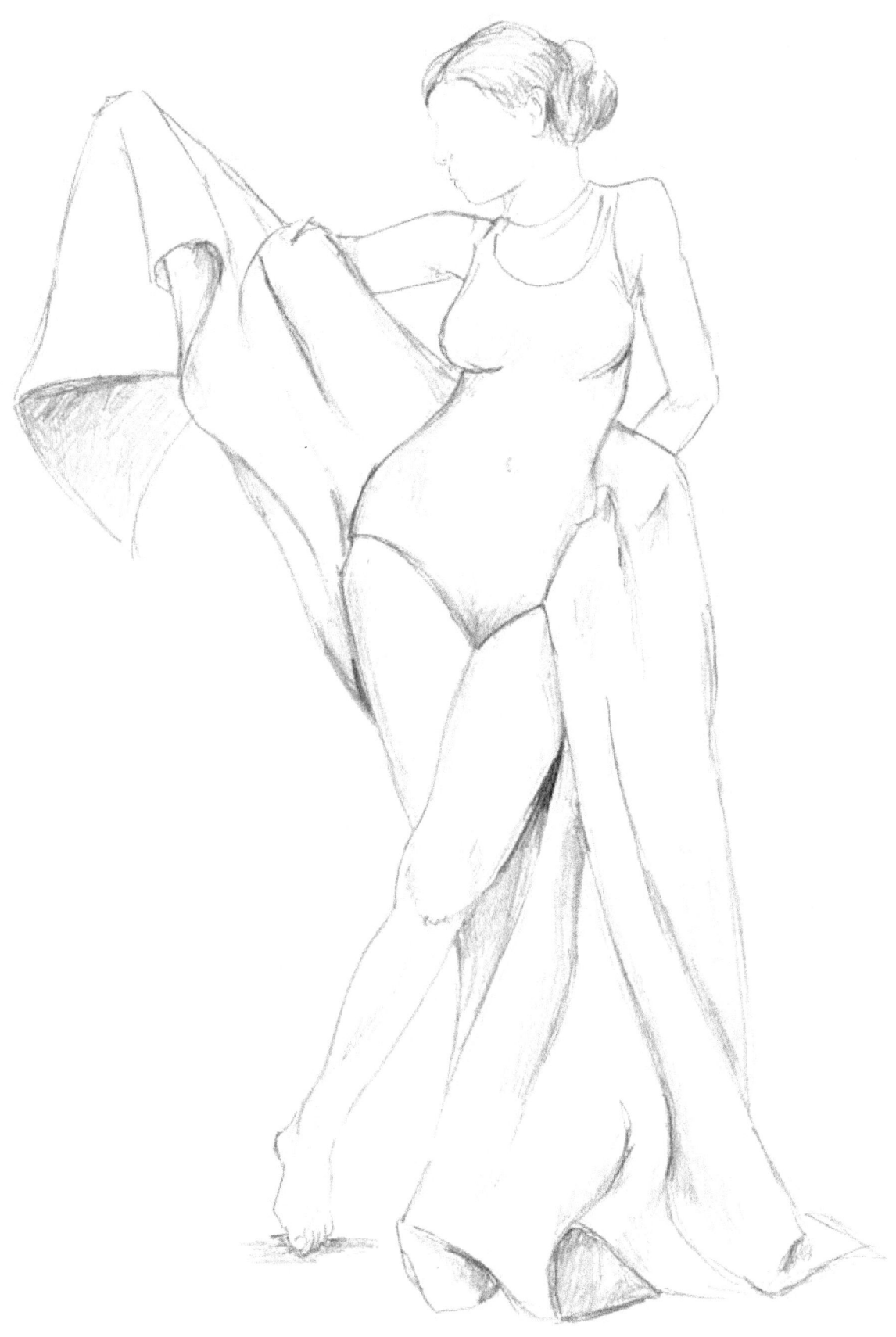

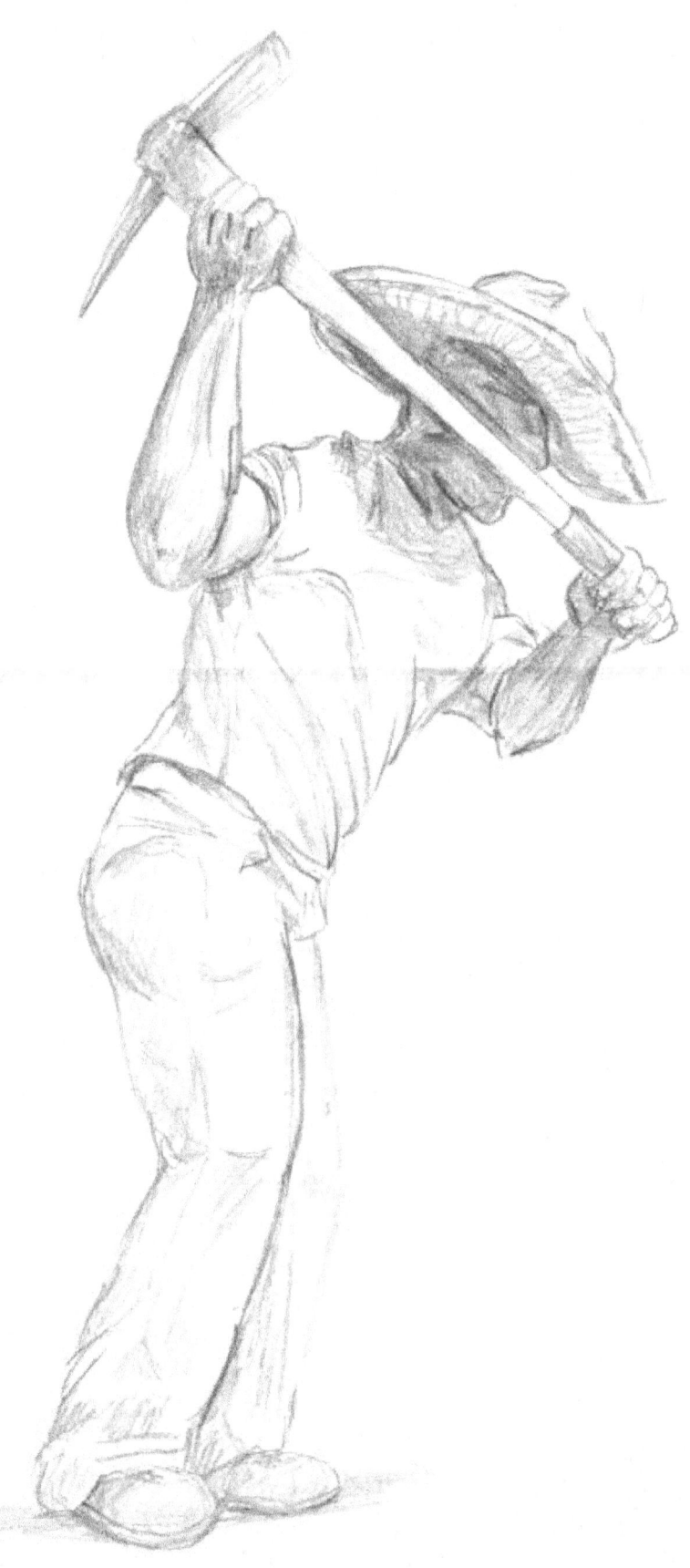

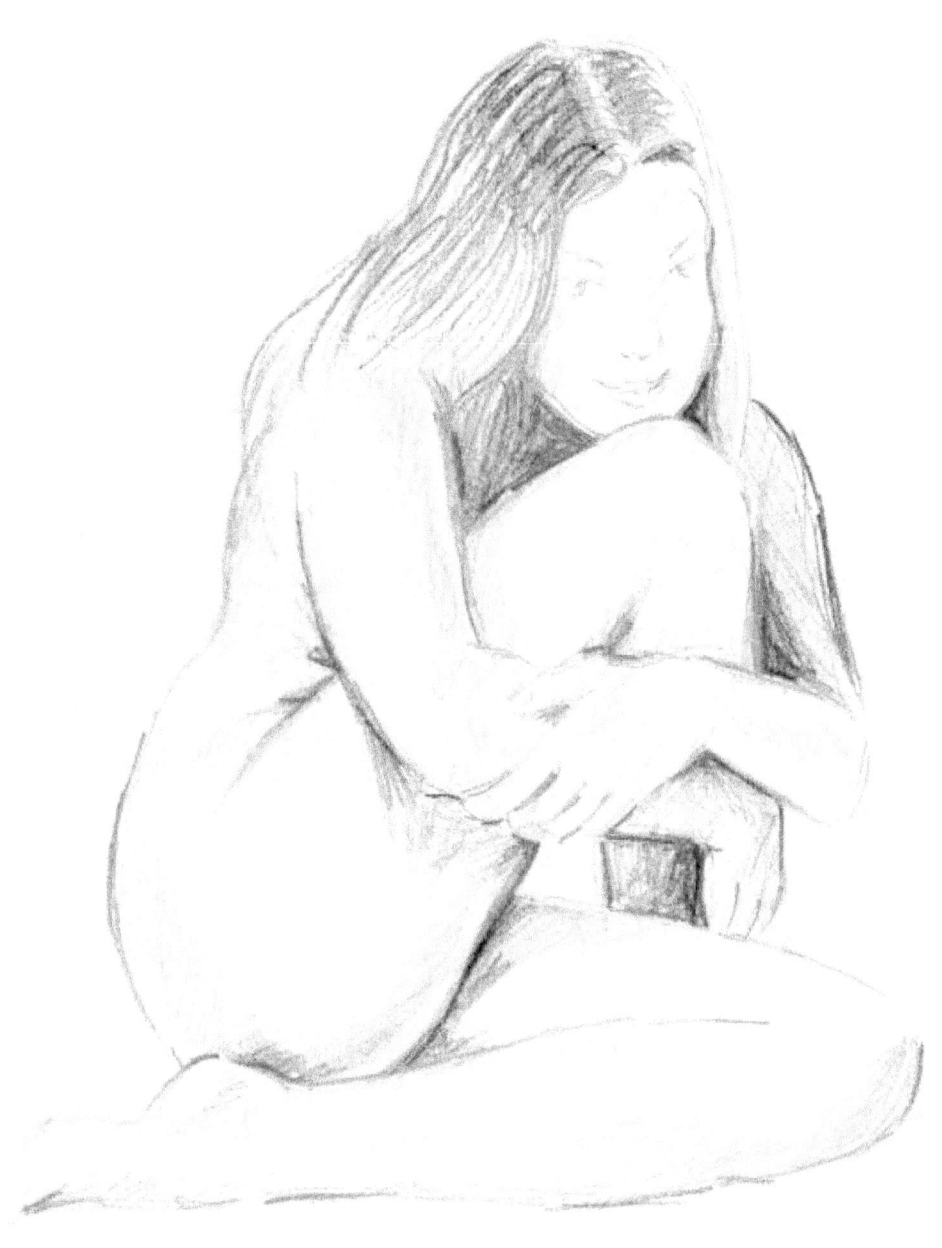

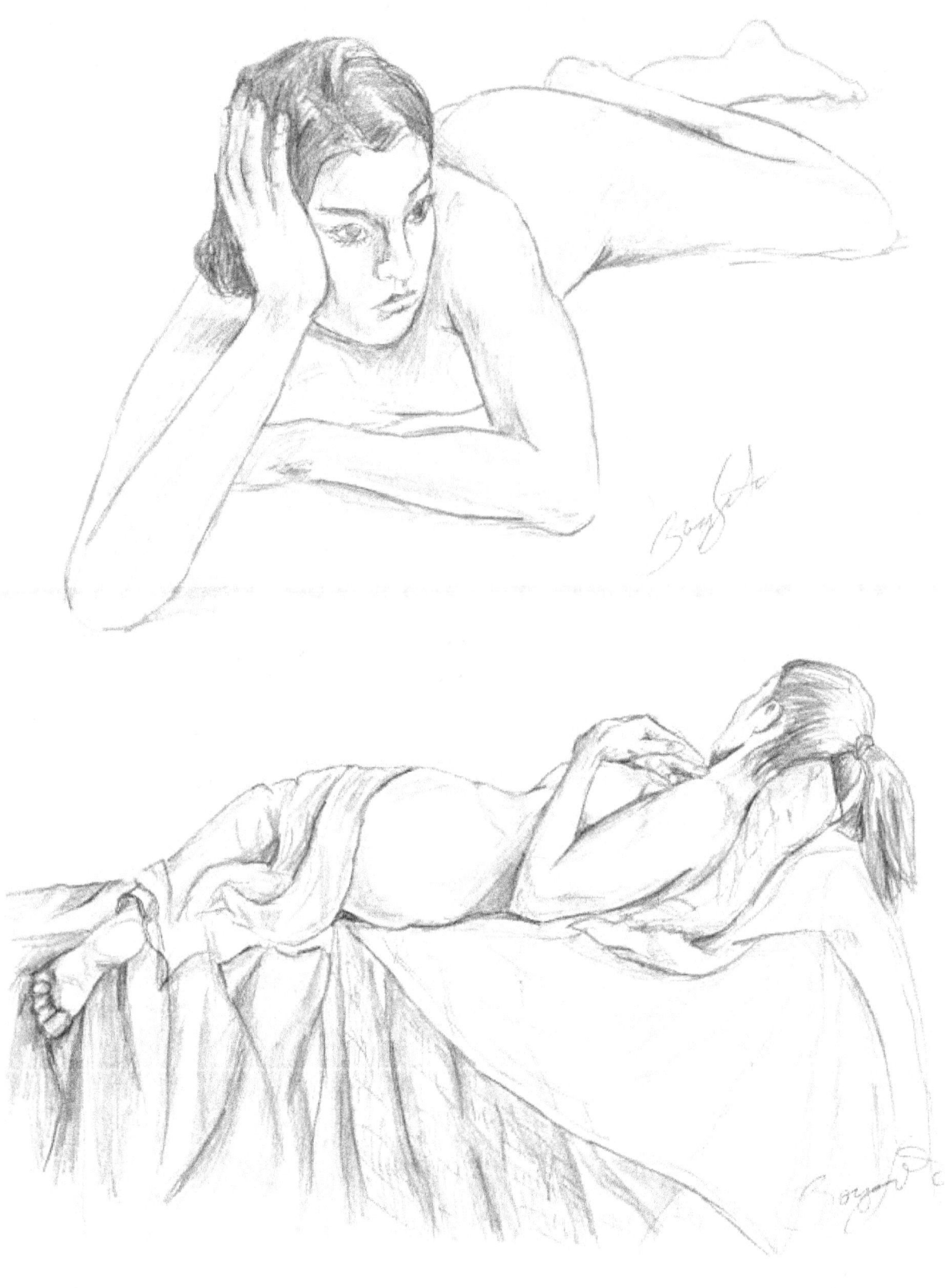

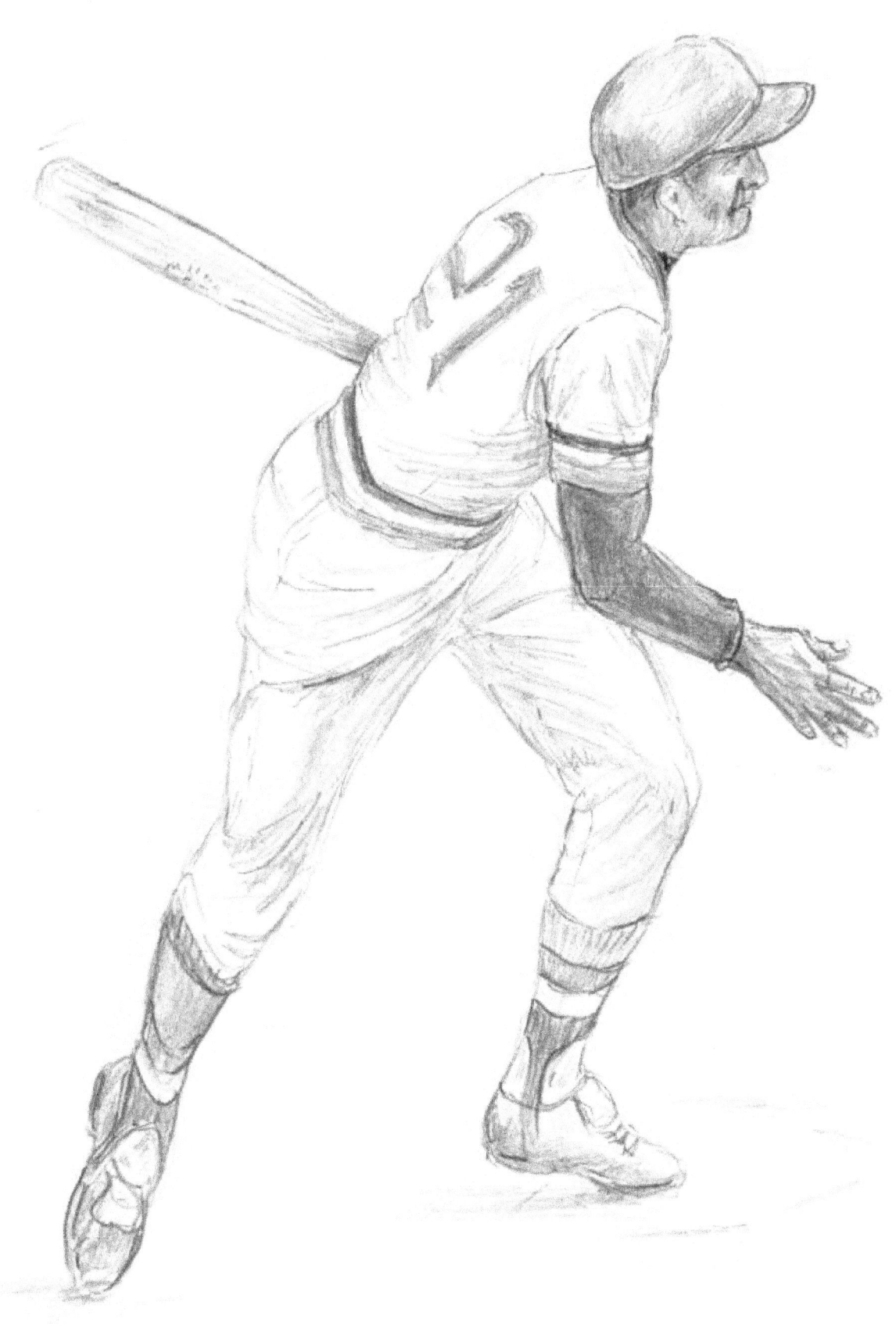

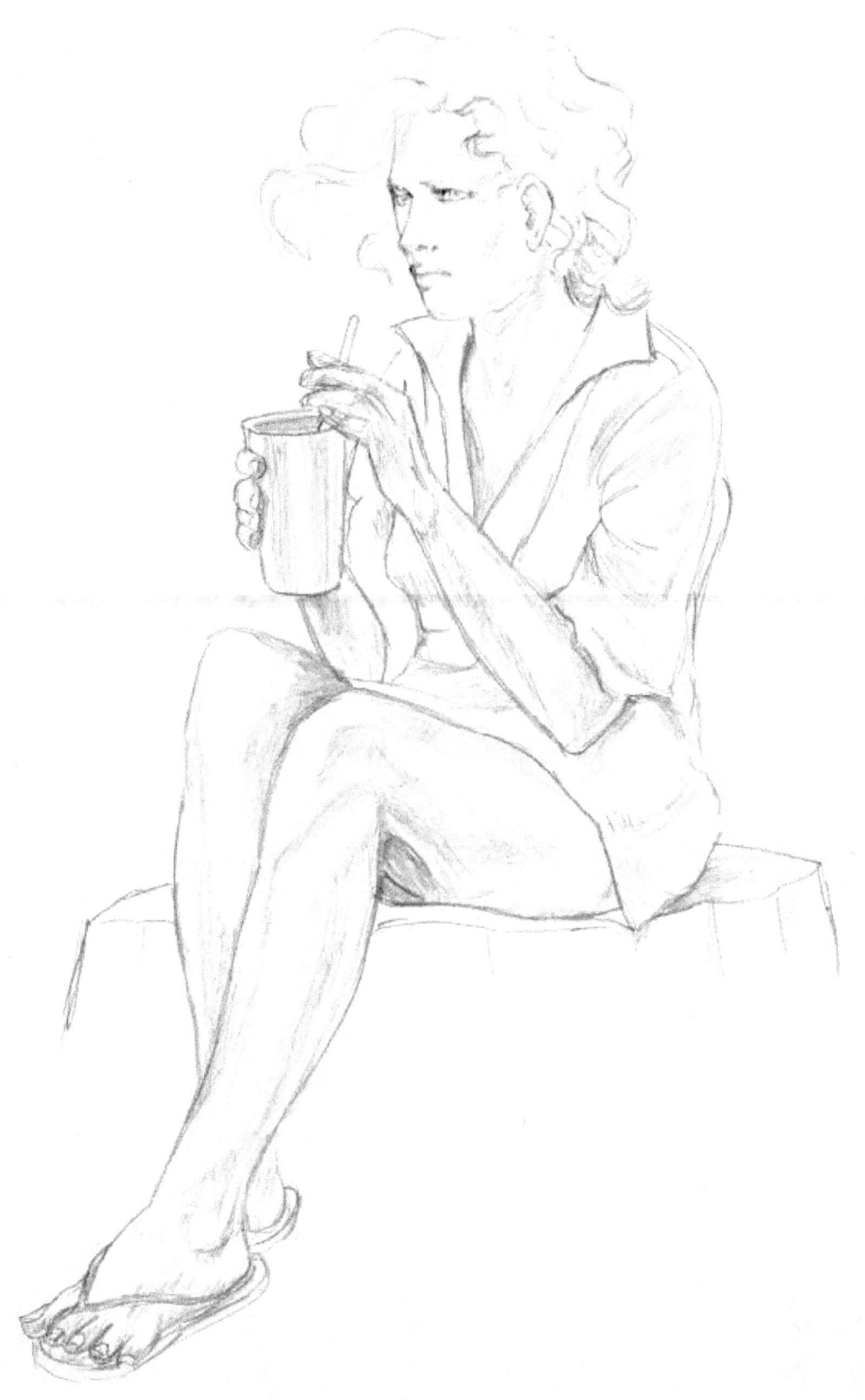

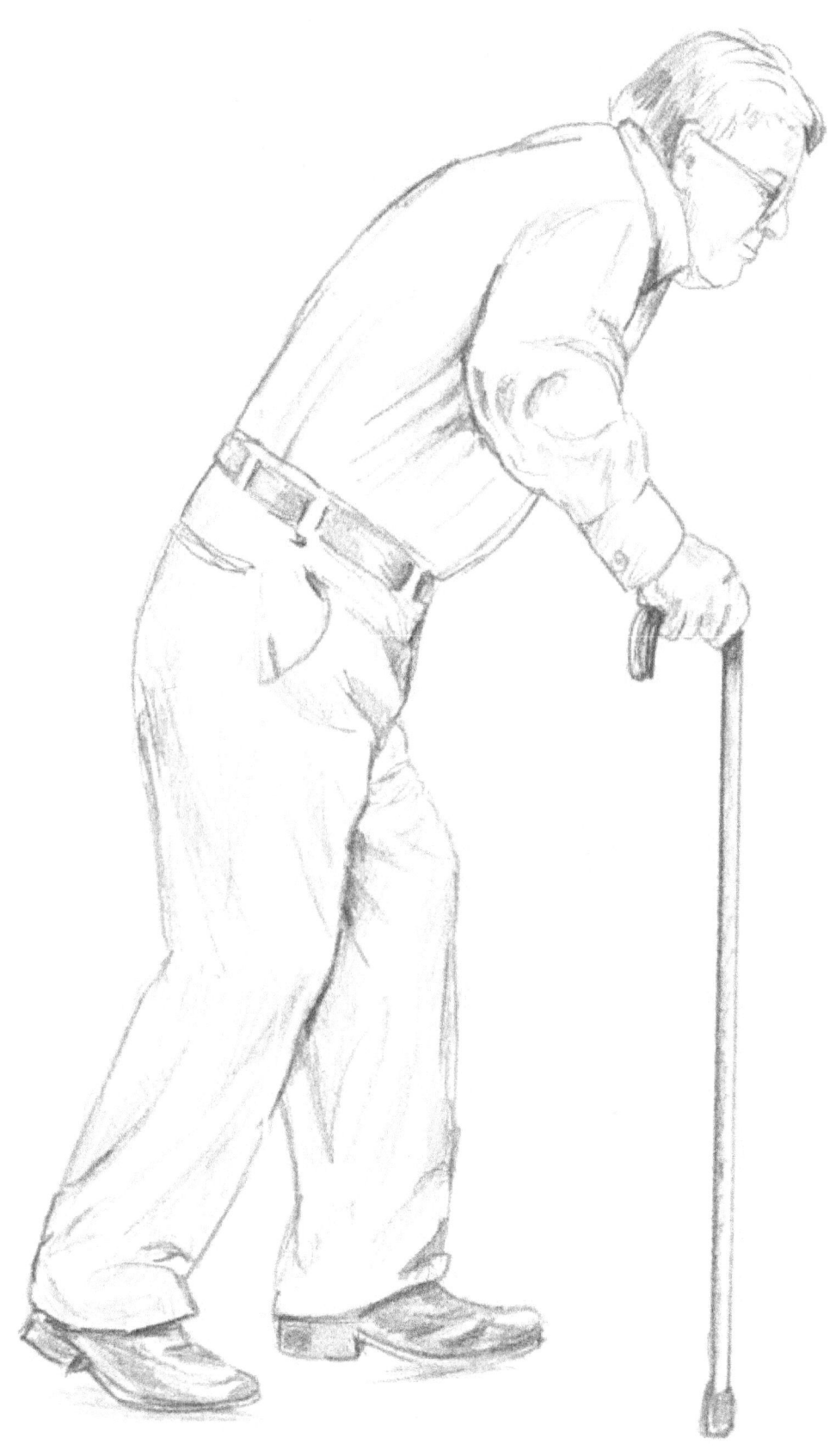

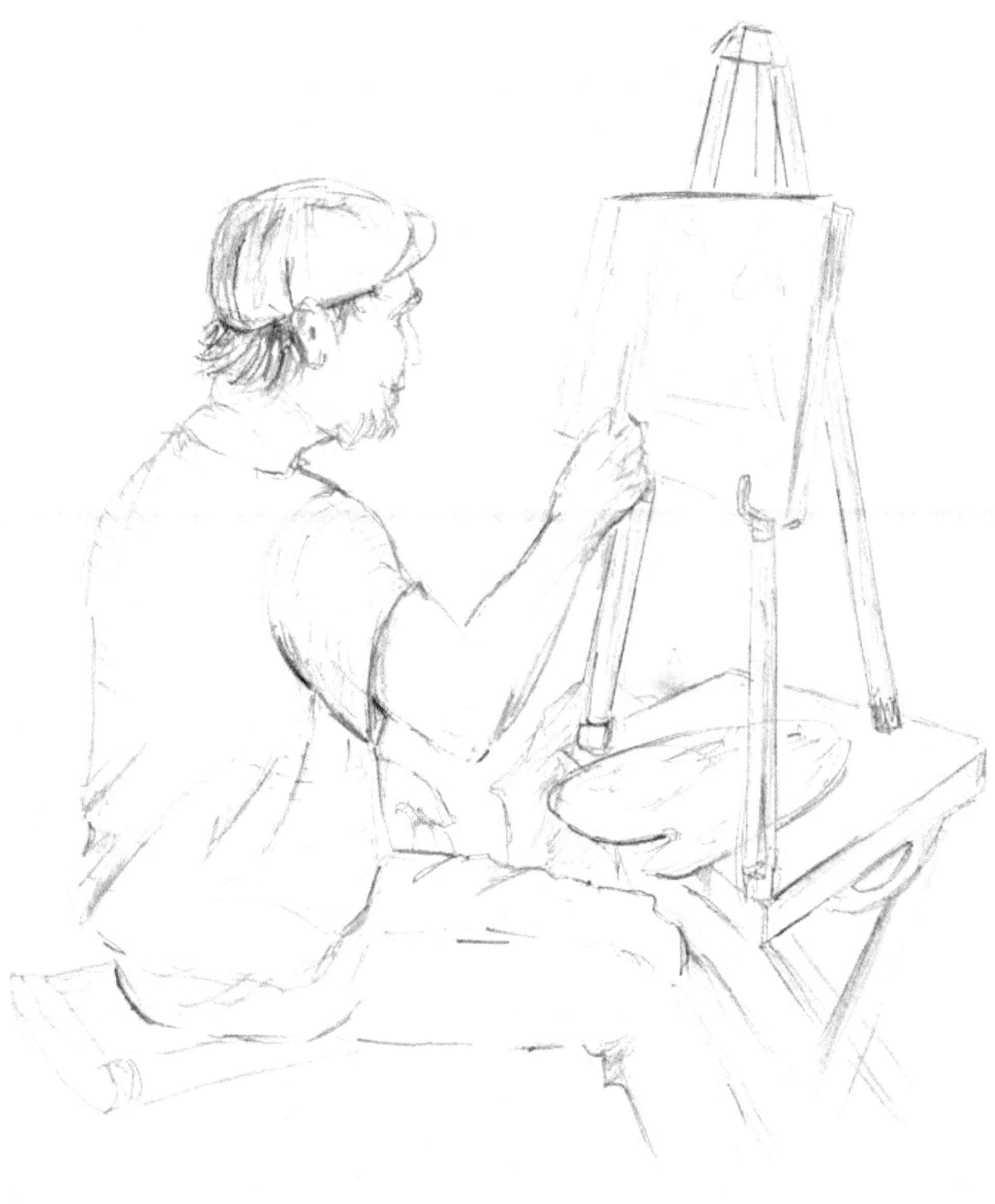

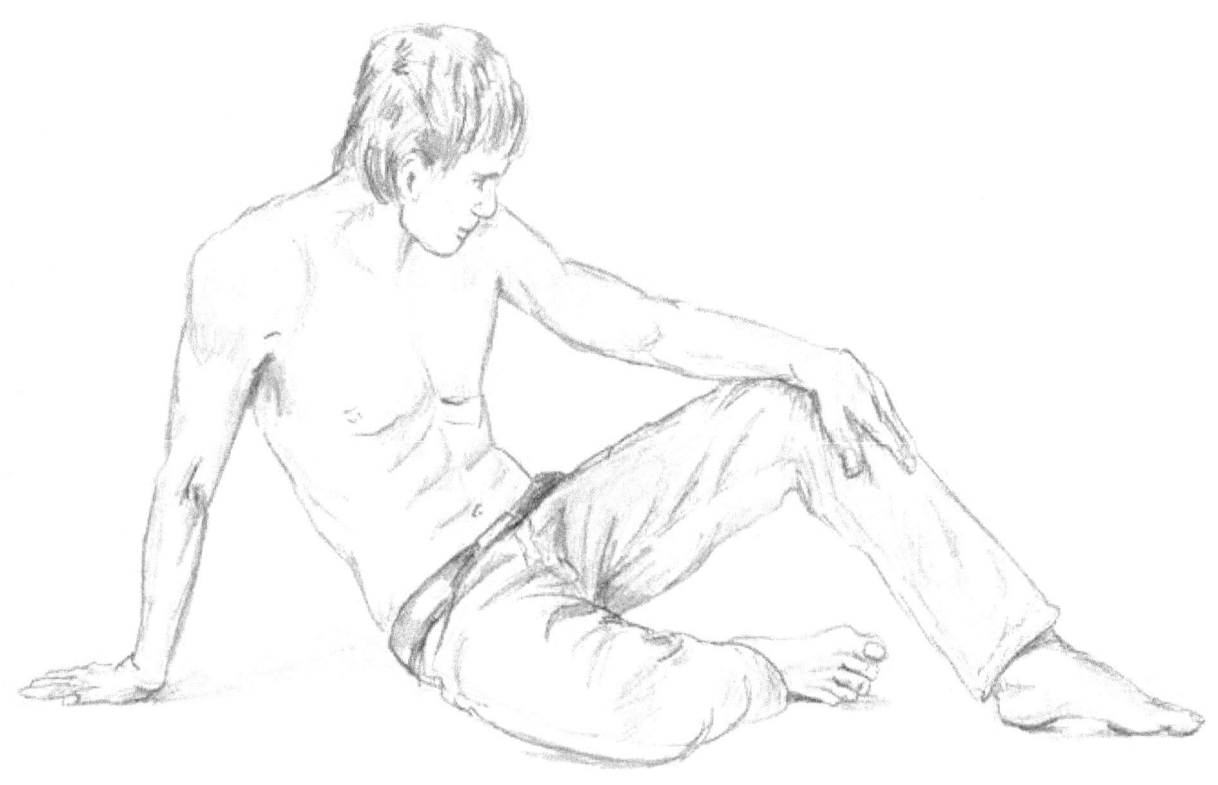

Por último te recomiendo que con la ayuda de un espejo o tu móvil poses y dibujes diferentes acciones y movimientos como práctica. Mientras más práctica, mejores resultados. Luego que te sientas confiado invita a tus familiares y amigos a que modelen para ti.

CLAROSCURO

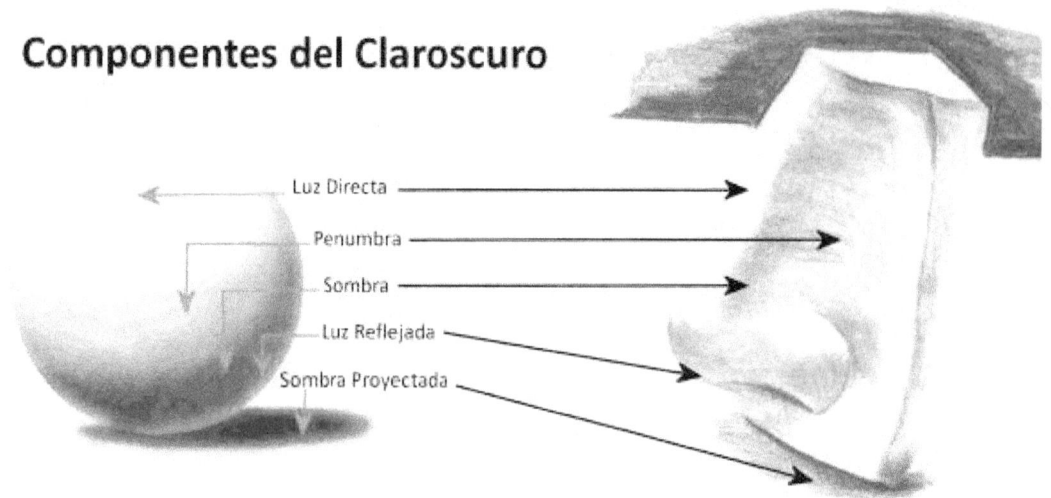

En la naturaleza ves que los objetos adquieren un volumen tridimensional. Este efecto es producido por la luz que los ilumina y por las sombras que proyectan. Para ello lo más importante ahora es aprender a valorizar de forma gradual las intensidades de la luz y de las sombras que puedes crear con el lápiz.

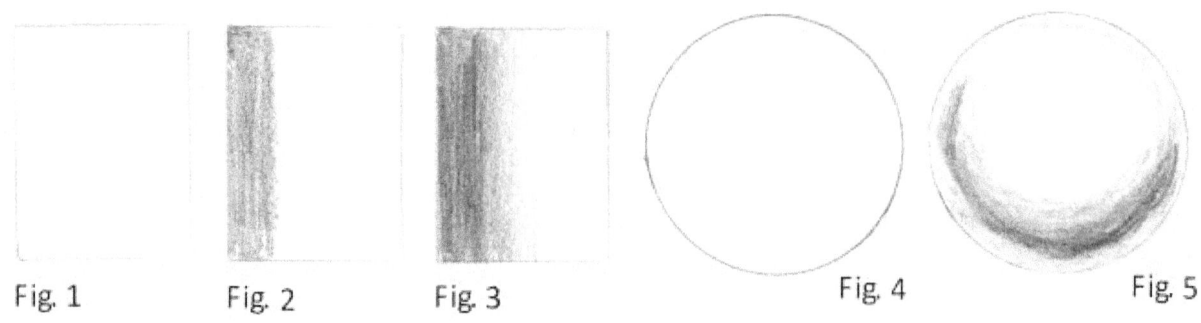

Fig. 1   Fig. 2   Fig. 3   Fig. 4   Fig. 5

La sensación de relieve se logra con el claroscuro o sea mediante el juego de luz y sombra. Todo volumen produce sombras. Observa las ilustraciones anteriores, la figura 1 y 2 representan dos rectángulos iguales. En la figura 2 he trazado ligeramente una leve sombra acentuada hacia el lado izquierdo. Fíjate como comienza a ganar volumen. El efecto es más notable en la figura 3 donde existe un blanco limpio y un negro solido con una suave transición de la luz a las medias tintas y a la sombra. En la figura 4 ves un círculo que por el efecto del claroscuro o la aplicación de sombras se transforma en una esfera en la figura 5. Cuando dibujes claroscuro, busca primero dónde está la luz más intensa y donde la sombra más oscura. Recuerda, todo volumen se manifiesta por su sombra. La sombra tiene una forma que responde al volumen que representa, no es una mancha sin forma.

La forma más simple de sombreado es el rayado, hacer líneas seguidas o juntas usando la punta del lápiz o inclinándolo para pintar con el costado de la mina de éste. Es importante hacer todas las líneas en una misma dirección para que el resultado sea uniforme. La cantidad de sombra varía según la presión del lápiz como ya ha aprendido y con la cercanía entre las líneas. Puede retrasar con mayor presión sobre sombras ya dibujadas para conseguir mayores oscuridades.

Otra técnica es el rayado cruzado, que es un tramado cruzando (*Cross Hatching*) los trazos de las líneas. Dibuja una serie de líneas diagonales y luego inclina el papel y dibuja otra serie de líneas que las crucen. Se puede obtener una menor o mayor

oscuridad según la presión y la separación que dejes entre las líneas. Puedes trazar con líneas cortas en cualquier dirección para concentrar y conseguir mayor oscuridad.

Hay una técnica que es de rollitos, que consiste en dibujar los trazos de forma circular o hacer una serie de círculos pequeños que se superponen 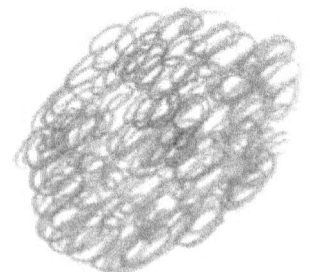 entre sí para crear los valores tonales. No es necesario que los círculos sean perfectos, solamente hazlos lo suficientemente pequeños y juntos. La oscuridad de la sombra depende de la concentración de los círculos que dibujes así como la presión que hagas con el lápiz. Esta técnica es muy útil para dibujar la piel y el pelo de algunas personas, ya que el acabado es irregular. Para el caso de la piel es preferible hacer los círculos suavemente.

Finalmente, estas tres técnicas que te he mencionado se pueden complementar con el suavizado o difuminado. Está consiste en utilizar un trozo de papel toalla, papel higiénico, alguna tela suave o un difuminador para mezclar el grafito del lápiz que trazamos en nuestro dibujo. El resultado es una mezcla uniforme, suave del trazado del lápiz. Nunca use sus dedos para suavizar la textura del rayado, pues éste deja grasa y mancha el dibujo.

Si tienes dificultad para distinguir claramente a simple vista las formas de las sombras, entorna tus ojos y verás como se dibujan claramente. Sobre tu dibujo puedes trazar una línea suave que indique la forma de la sombra y el tamaño de los espacios y luego procede a sombrear con las técnicas explicadas anteriormente.

Una más simple para crear los medios tonos es emplear el esfumino o difuminador. Primero oscurece con tu lápiz el área correspondiente a la sombra más fuerte. Luego desde esa sombra debes desplazar el difumino hacia el lado que desees aclarar reduciendo la presión sobre el difumino gradualmente. Con el lápiz es posible conseguir prácticamente todas las gradaciones de grises para reproducir las diversas tonalidades y medios tonos en las sombras.

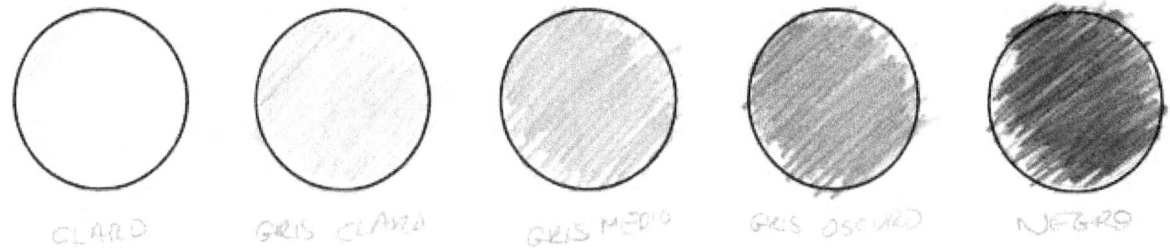

Prepara una escala de valores entre la máxima oscuridad que puedas lograr apretando bien el lápiz o el carboncillo, mientras va disminuyendo la presión va aclarando de forma gradual el valor tonal hasta llegar al blanco del papel que será la luz o lo más claro que podemos dibujar, observa la siguiente escala de valores.

Para un dibujo medianamente efectivo debes conseguir un mínimo de cinco (*5*) valores tonales. En el futuro puedes conseguir un juego de lápices de dibujo ya calibrados por valores, estos vienen numerados según la dureza de sus minas (*recomendamos un F, HB, 2B, 4B y un 6B*)

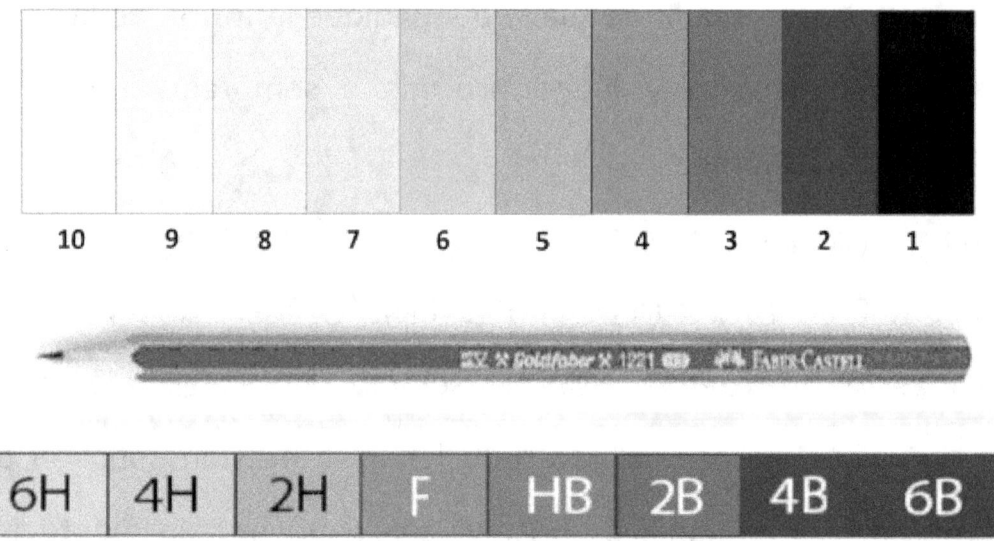

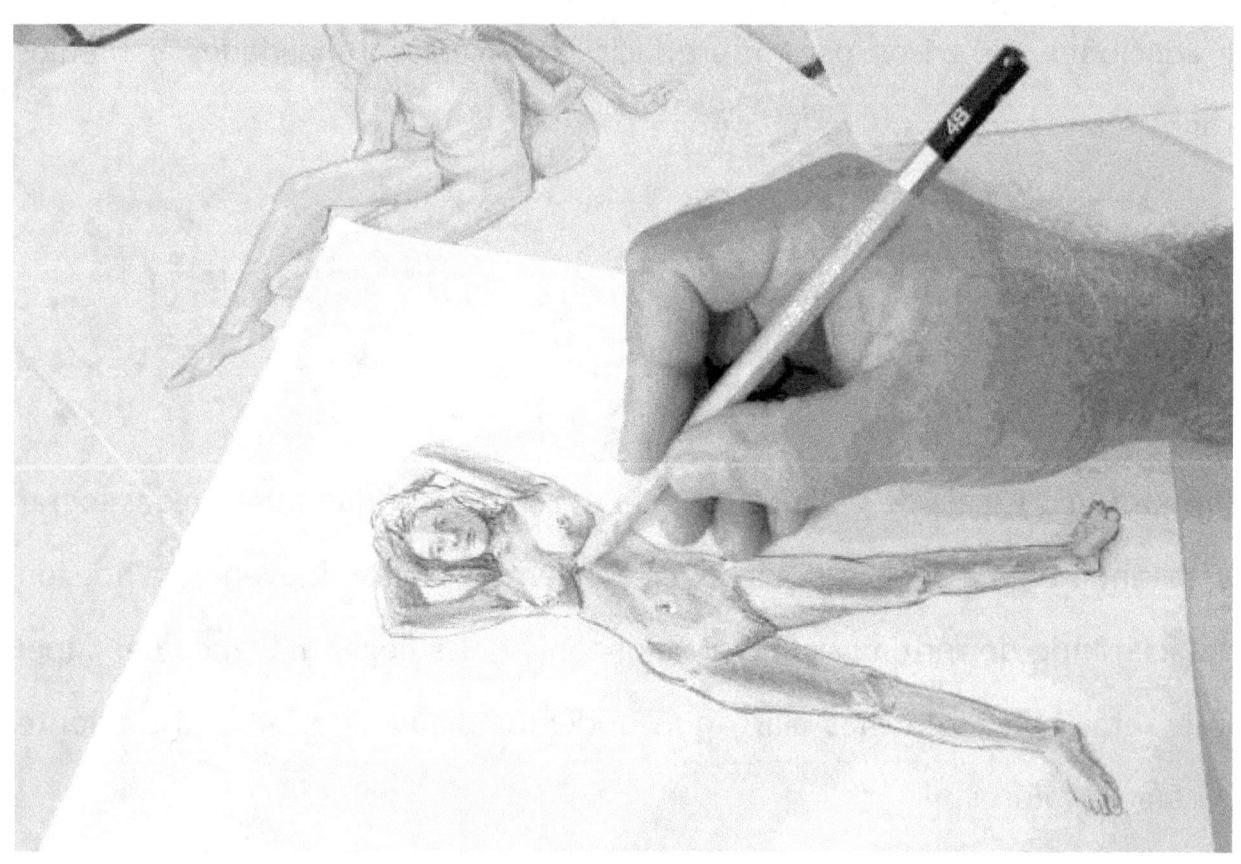

Claroscuro

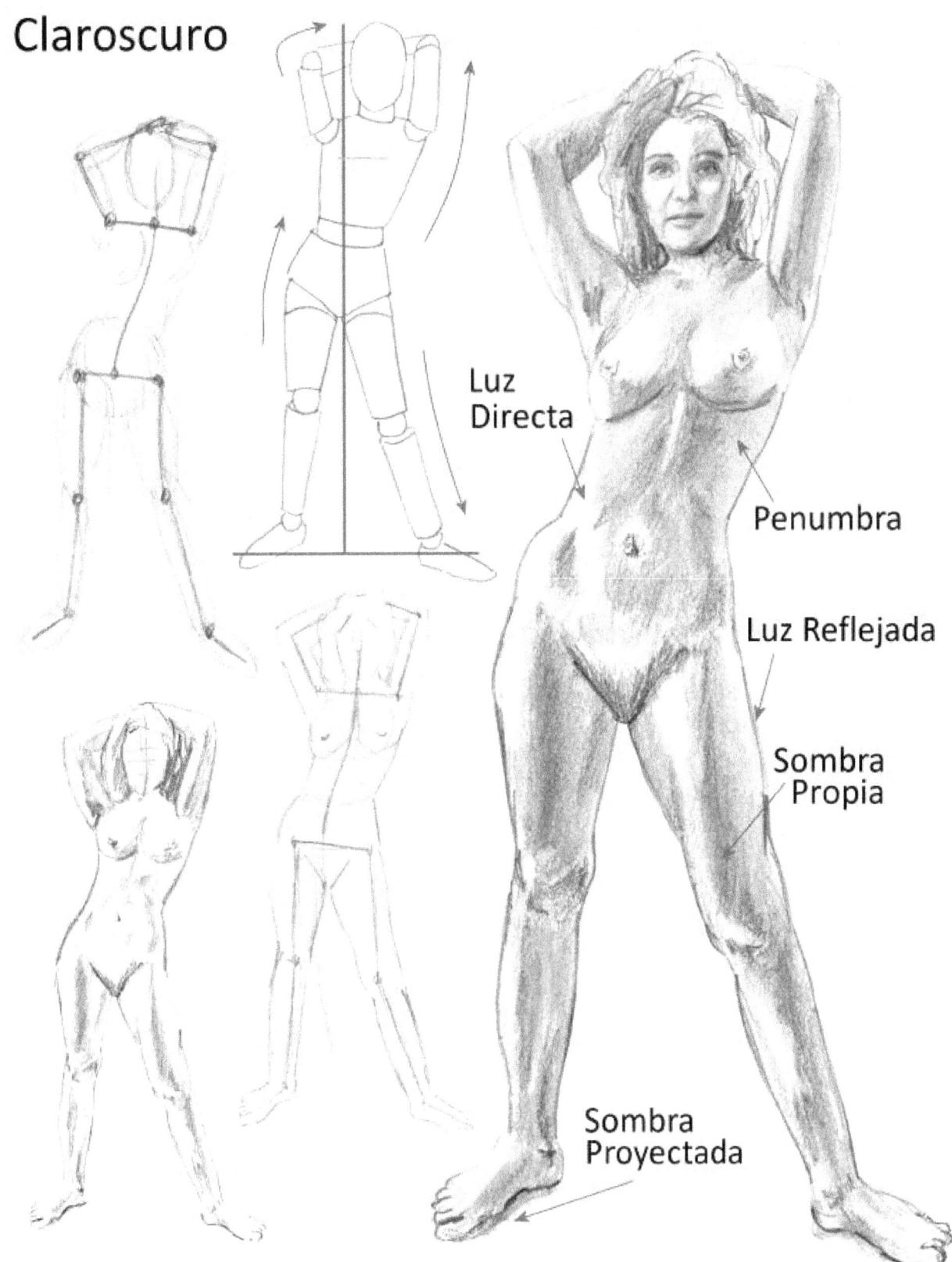

Para el sombreado utilice los lápices de minas blandas B, HB, 2B, 4B. Si deseas sombras más oscuras puede usar lápices 5B y 6B o un lápiz Ebony.

MOVIMIENTO Y POSES EN LA HISTORIA DEL ARTE UNIVERSAL

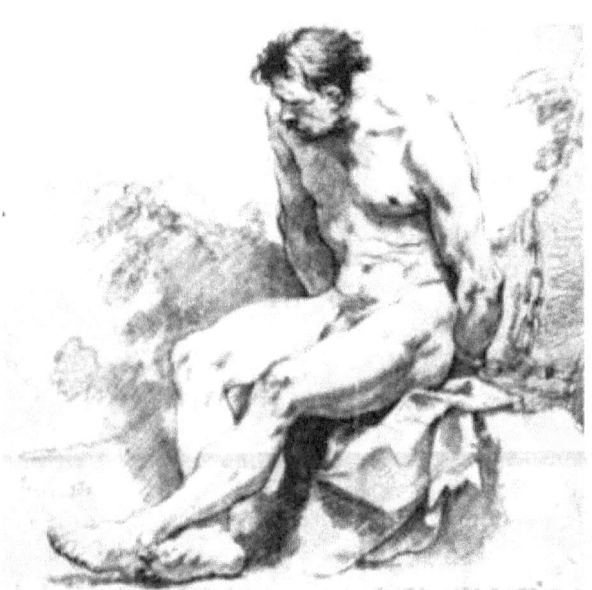

Natoire, Museo Louvre

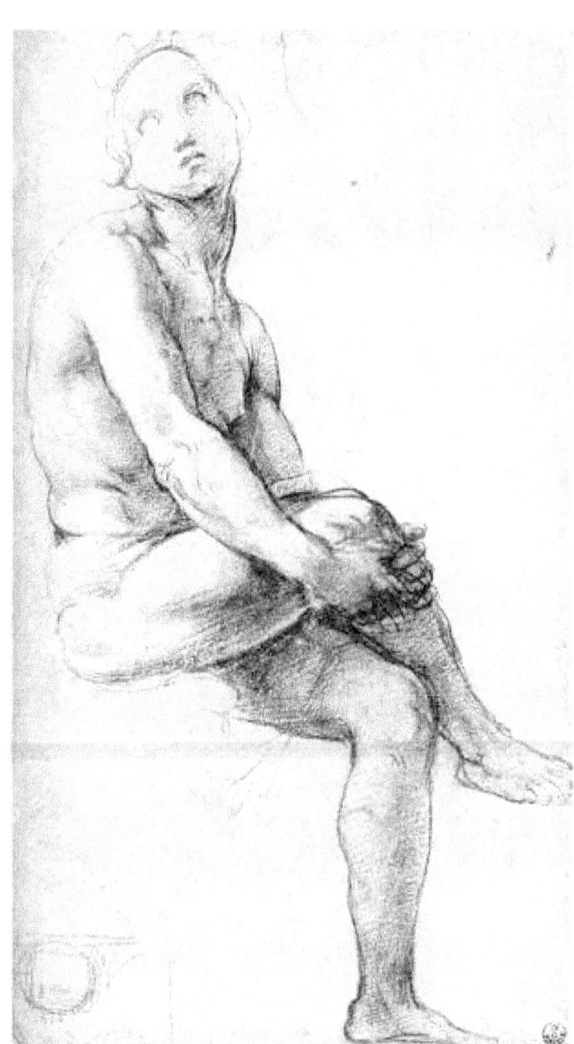

Raffael Sanzio

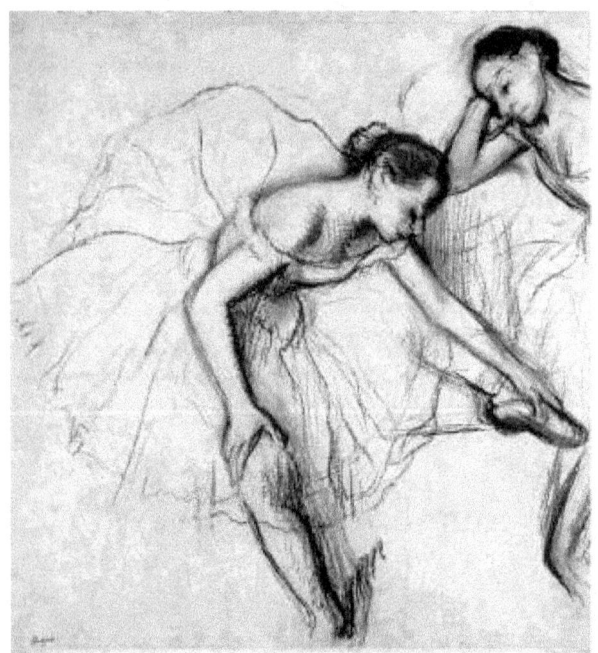

Edgar Degas

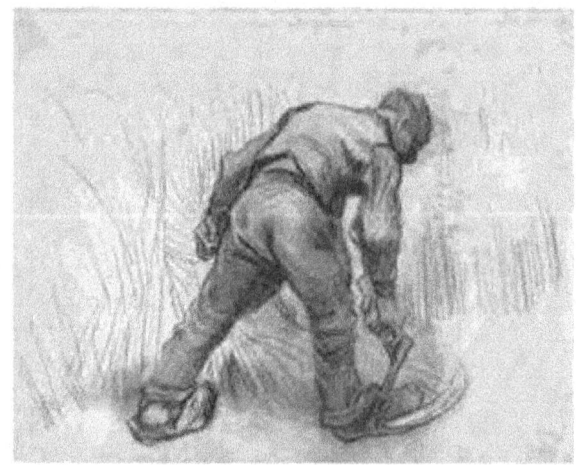

Vincent Vangogh

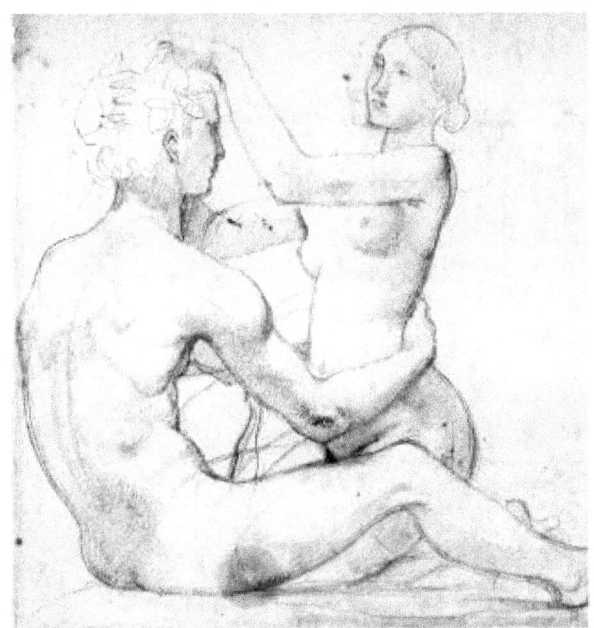

Dominique Ingres

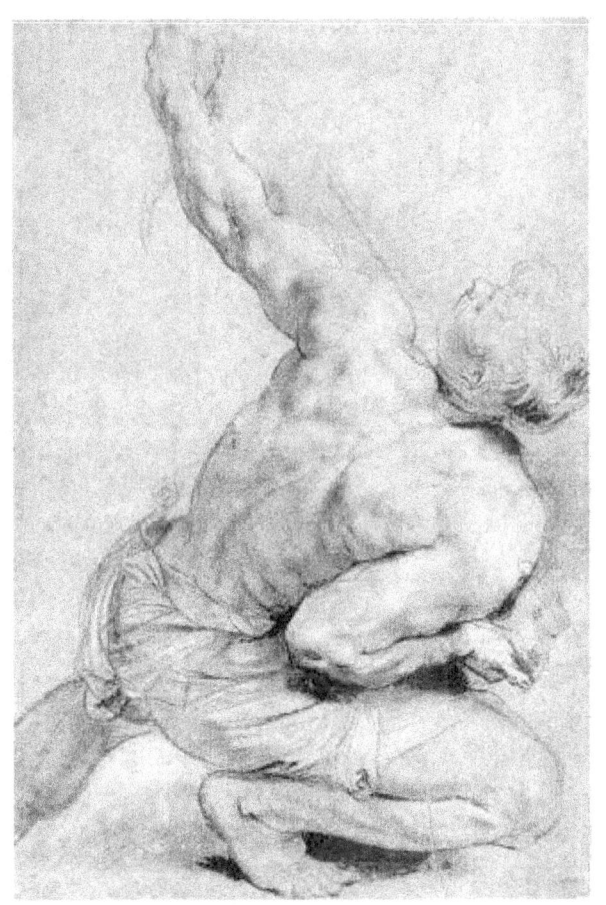

Peter Paul Rubens

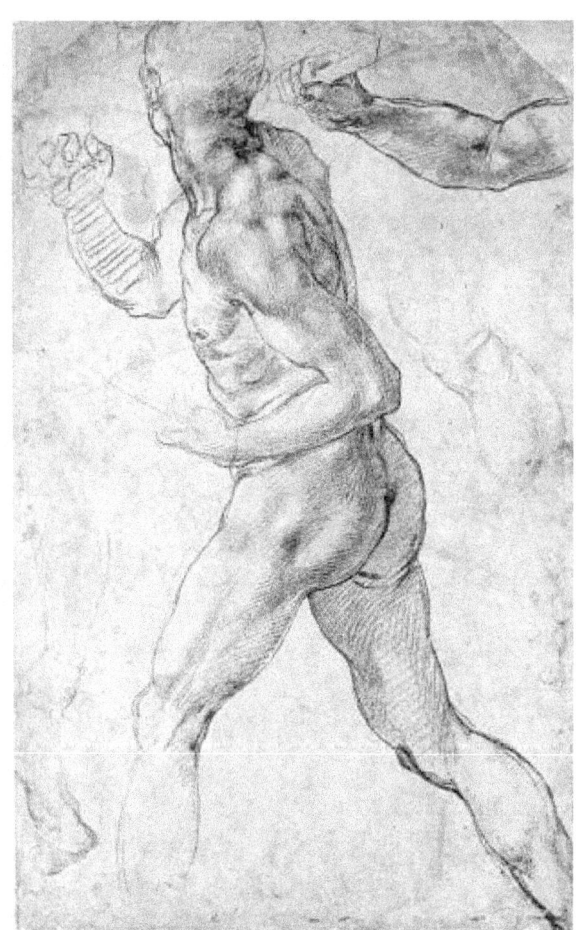

Miguel Angelo

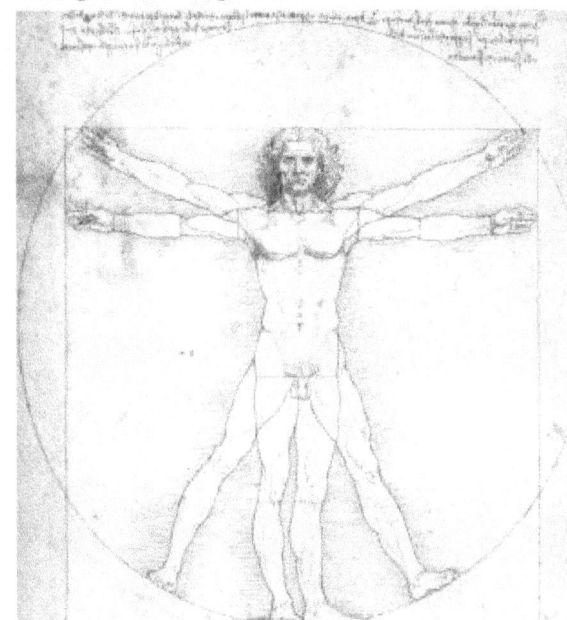

Leonardo da Vinci

Maniquees para dibujar

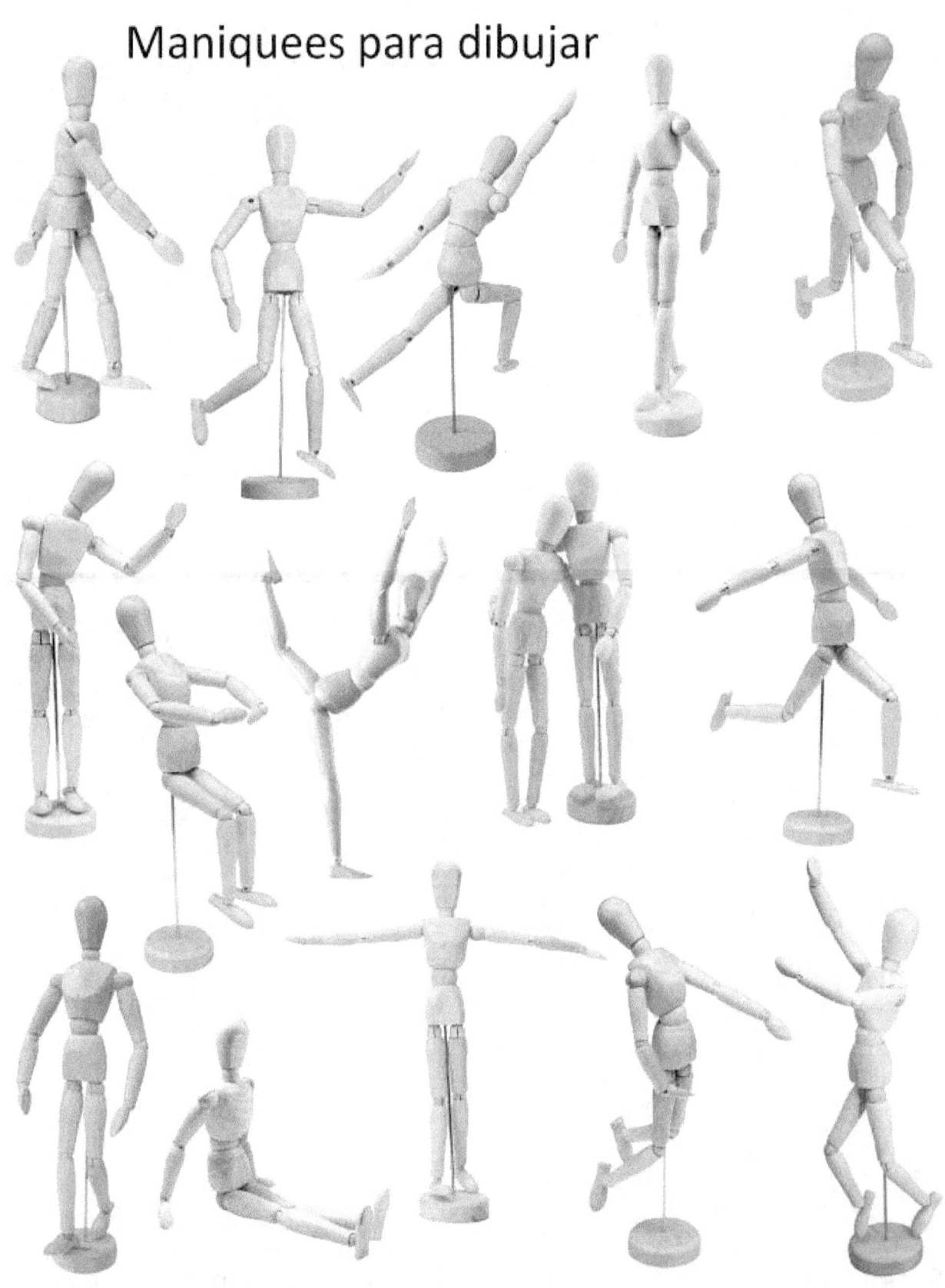

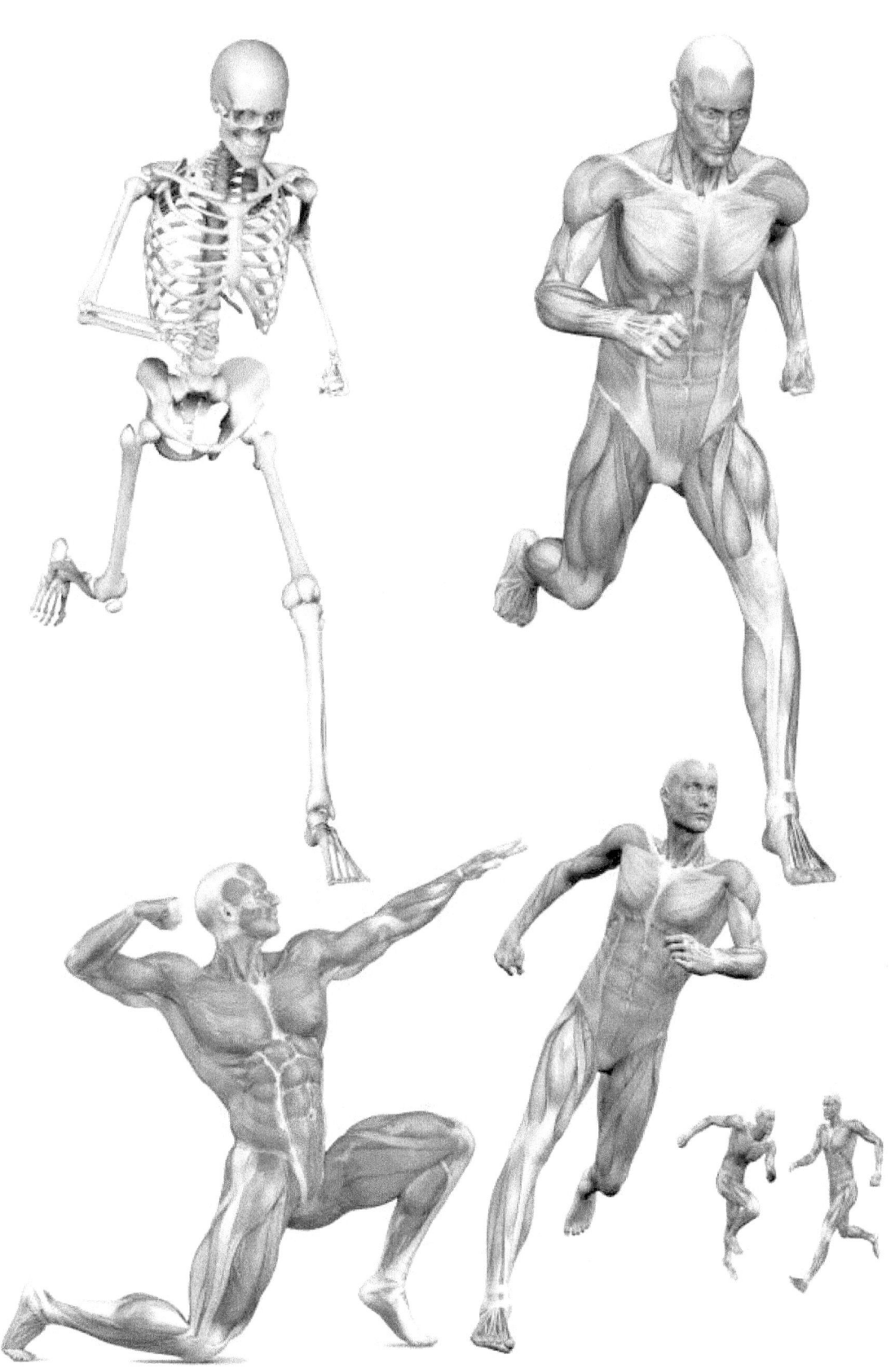

Modelos para tus dibujos

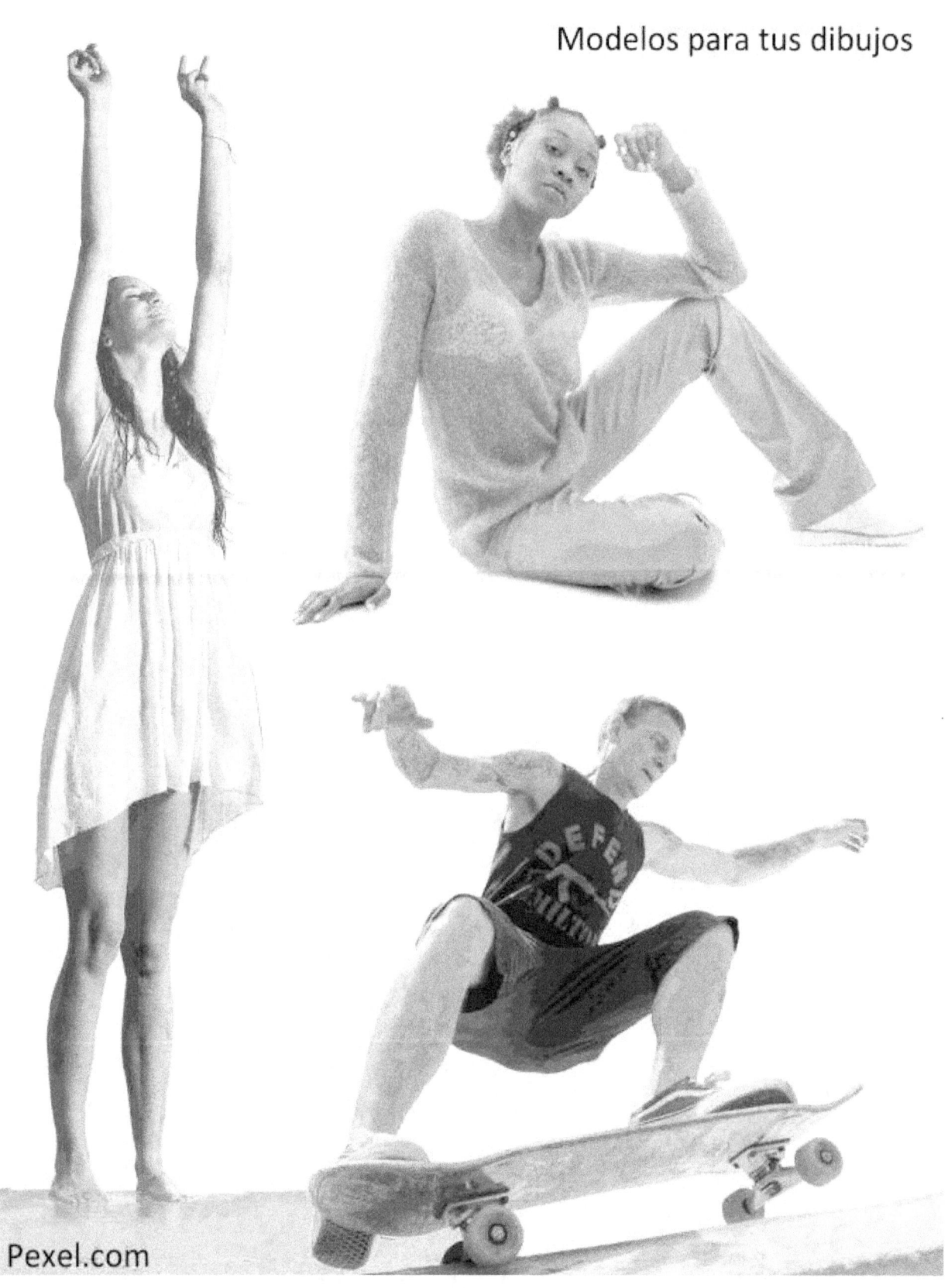

Modelos para tus dibujos

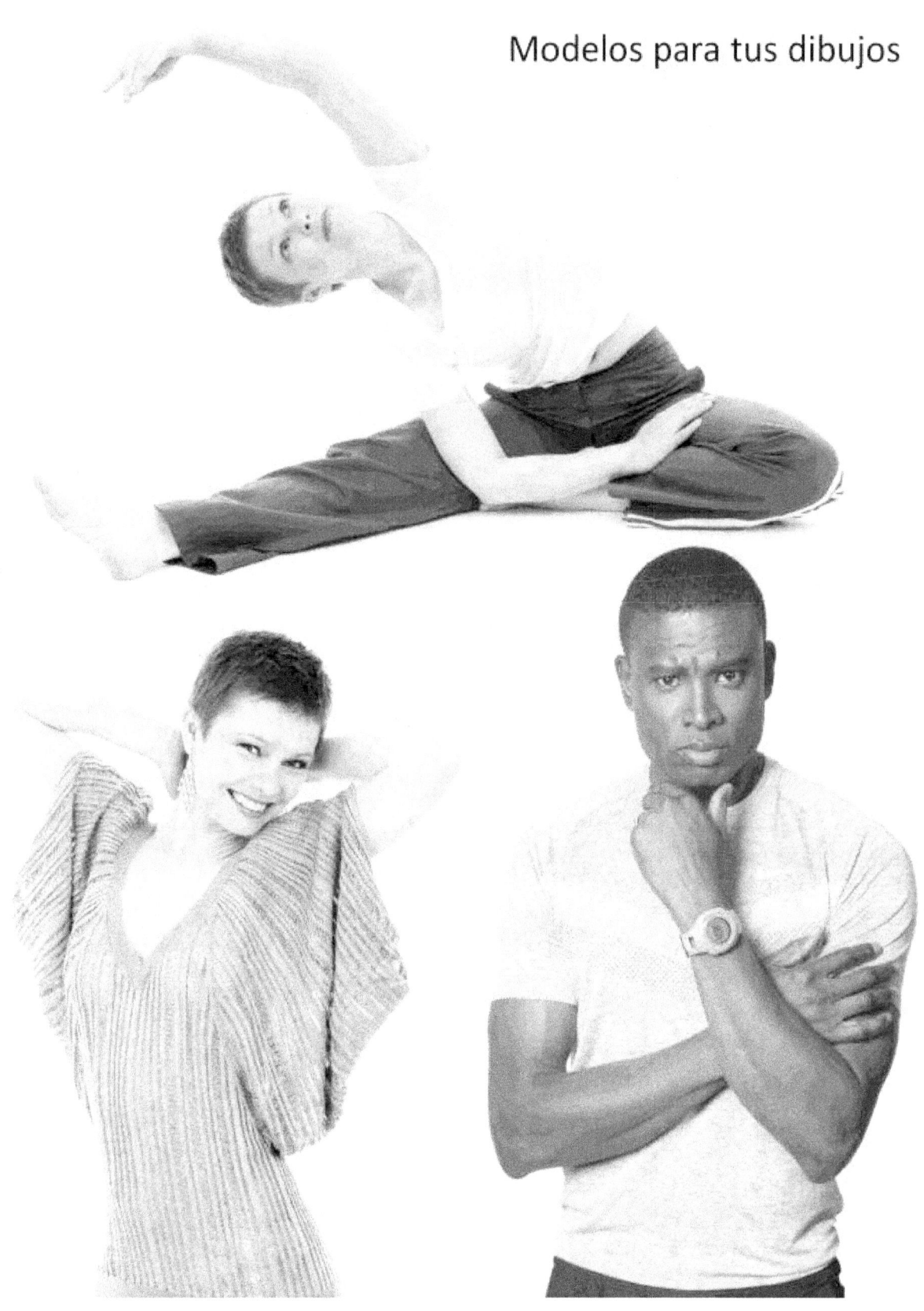

Modelos para tus dibujos

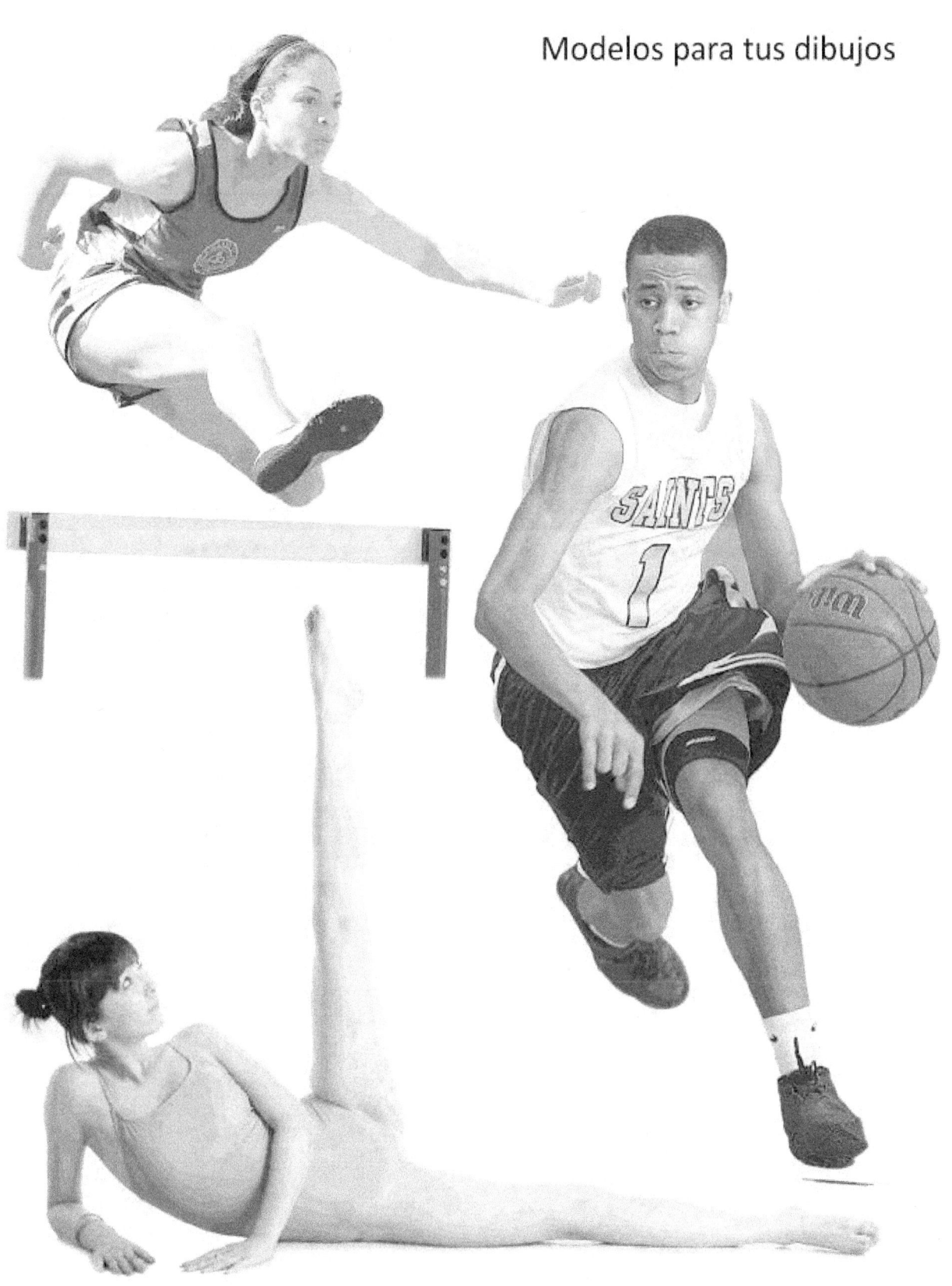

DEFINICIÓN DE TÉRMINOS Y VOCABULARIO

Aditivas	Que se suma o se añade a algo.
Apuntes	Dibujo rápido para no olvidar algún detalle observado.
Boceto	Dibujo simple y rápido de una figura o composición donde se determinan detalles de la forma, las zonas de luz y las zonas de sombra.
Caracterizar	Determinar los atributos y rasgos que distinguen al modelo
Contorno	Forma que recorta o separa al objeto del espacio.
Contraluz	Efecto de luz que se produce cuando la fuente de luz está detrás de la figura o modelo.
Contraste	Equilibrio en la representación de luces y sombras para conseguir un efecto artístico.
Definir	Dibujar con claridad los elementos de una figura.
Dibujo	Trazar o delinear en una superficie imitando la figura de un cuerpo u objeto.
Difuminar	Fundir un color con otro para conseguir una superficie suave y sedosa en la pintura.
Encaje	Encuadre o ajuste del dibujo en el papel.
Entonar	Marcar luces y sombras en la pintura.
Escorzo	Cuando parte del modelo rompe el plano frontal y sugiere profundidad.
Esquema	Líneas simples para acomodar la figura en el dibujo.
Estudio	Observación de los detalles y proporciones de la figura para representarla con mayor exactitud.
Forma	Contorno o superficie externa de un objeto.
Gradación	Efecto por el cual una zona de luz o color se oscurece o aclara gradualmente.
Interno	Hacia la línea media o axial.
Lateral	Relativo o situado a un lado.
Masas	Zonas de color, luz o sombras uniforme.
Medial	Próximo al plano o línea medios.
Neutral	Que entre dos partes que contienen no se inclina a ninguna.
Perfilar	Definir el contorno o reforzar los trazos para destacar una parte en la pintura.
Perspectiva	Recurso para conseguir las tres dimensiones en la pintura.
Plano	Superficie imaginaria que atraviesa o limita en un sentido determinado.
Plano alejado	Zona que más se aleja (*fondo*) del espectador en la pintura.
Posterior	Situado en la parte de atrás.
Primer plano	Zona más cercana al espectador.
Proporción	Relación de tamaño que existe entre las diferentes partes de la figura o composición.
Proyectar	Orientar los volúmenes de la figura hacia un punto de fuga.
Punto de fuga	Lugar en la que convergen (*se unen*) todas las líneas de proyección de una figura.
Silueta	Contorno o forma externa de una figura.
Sombra	Zona oscura del modelo donde la luz es menos intensa.
Sombra propia	Zona opuesta a la fuente de luz en la figura o modelo.
Sombra Proyectada	Zona de oscuridad que produce una figura al interrumpir la dirección de la luz sobre una superficie.
Trabajar	Elaborar con mucho más detalle y terminaciones en la pintura.
Volumen	Efecto de relieve o tridimensionalidad en la pintura.

CONSEJOS PARA SOLUCIONAR UN BUEN ENCUADRE

1. Tener nociones básicas de perspectiva. Es importante buscar los apuntes sobre perspectiva en un buen libro y darles un repaso.

2. Elegir correctamente el tamaño y posición del papel o soporte que vayamos a utilizar (*apaisajado o retrato*); y ajustar la proporción de nuestro dibujo a los márgenes.

3. Dibujar sobre el papel las marcar necesarias para tener toda la información que podamos analizar mediante líneas y figuras geométricas y después transformarlas en lo que vemos. No empezar únicamente por las apreciaciones simples de nuestra vista.

4. Construir dos ejes centrales en la composición y no borrarlos hasta el último momento. Estas dos líneas deben ser la primera referencia y última de nuestro dibujo.

5. Trazar líneas suaves y finas. Evitar redibujar sobre las líneas ya trazadas para hacer un trabajo de manera que quede lo más exacto a modelo posible.

6. Marcar suavemente con el lápiz las líneas de correcciones primero y para poder borrar con facilidad después los errores.

7. Trabajar el dibujo con el papel a la altura de nuestra vista (*en caballete o tabla de dibujo*), para no tener que movernos demasiado y transmitir con exactitud lo que están viendo nuestros ojos y no la información que cree estar viendo e interpretando subjetivamente nuestro cerebro.

Roland Borges Soto, M Ed.

Autor

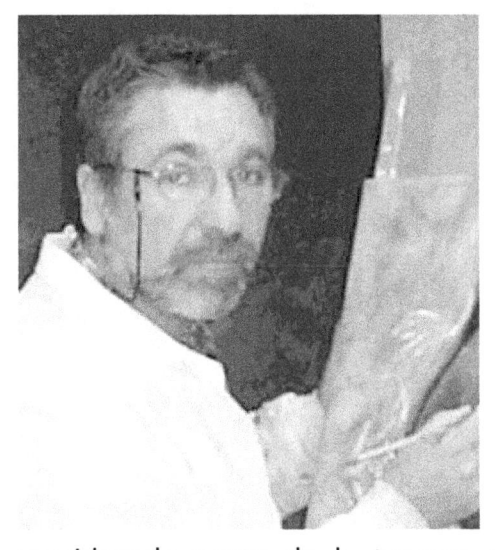

Roland Borges Soto: profesor, escritor, diseñador de multimedios y artista plástico, entre alguna de las muchas cosas en las que se desempeña. Nació en Nueva York de padres puertorriqueños en 1954. A los 9 años cursó sus primeros estudios formales de dibujo.

Obtuvo su Bachillerato en Artes e Historia en 1975 y más tarde una maestría en educación de artes visuales y desarrollo de currículo. Es considerado parte de la tercera generación de artistas puertorriqueños. En 1978 es nombrado miembro honorífico del American Film Institute. Fue homenajeado en una Exposición 'TORREROS' en el Museo del Faro de los Morrillos y proclamado hijo adoptivo de la Ciudad Arecibeña donde fundó en 1980 La Academia y Centro de Arte de Arecibo. En 1996 es nombrado por la Unidad de Escuelas Especializada del Departamento de Educación de Puerto Rico miembro de la Facultad de la Escuela Regional de Bellas Artes. En 2009 se une al Taller Kumbayá donde ofrece tutorías a estudiantes y artistas en formación. En 2016 recibe la medalla de oro por sus ejecutorias como artista y profesor en la celebración de 500 años de Arecibo. Tiene a su haber la producción de numerosas publicaciones digitales para Colección de Puerto Rico y ha estado trabajando activamente en el quehacer cultural como jurado, escribiendo artículos de artes para periódicos, catálogos y revistas entre las que figuran *"El Progreso"*, *"Arte, Artistas y Galerías"* y *"Arte Latinoamericano"*. Entre algunos de sus títulos en artes plásticas más populares encontramos *"Dibuja Aprendiendo a Ver"*, *"Aprende a dibujar el cuerpo humano"*, *"Teoría y Práctica del Color"* y *"Aprende a dibujar Caras"* entre otros libros de la COLECCIÓN *Borges Soto*. Su propuesta más reciente *"Todos Somos Pirata"* es un proyecto multidisciplinario que incluye además de su obra plástica, una instalación conceptual y varios escritos entre los que figura una novela titulada *"Ultimo Pirata del Caribe"* y libros de cuentos ilustrados para niños.

Visita el portal del autor en: http://www.borgessoto.com

Si te agrado este libro recomiéndalo a tus amigos del arte.
Disponible en Amazon.com y Facebook

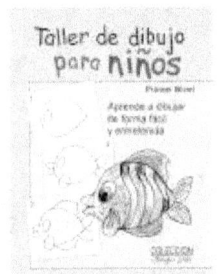 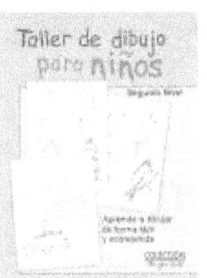 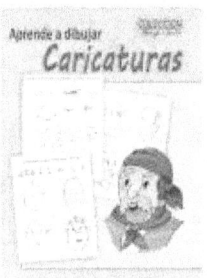 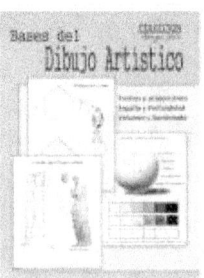 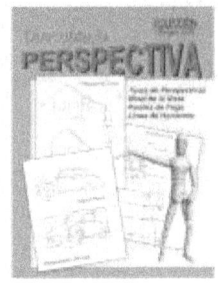

Volumen 1   Volumen 2   Volumen 3   Volumen 4   Volumen 5

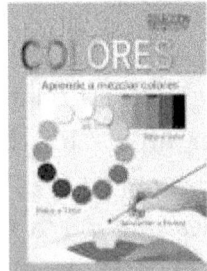 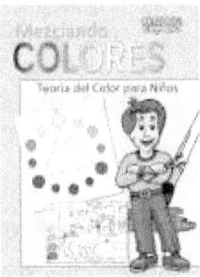 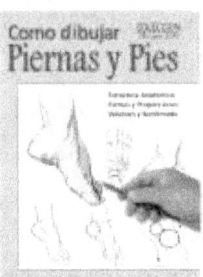 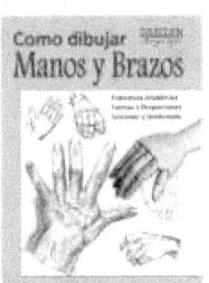 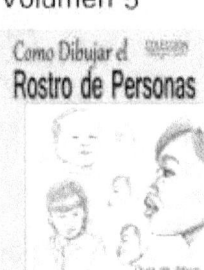

Volumen 6   Volumen 7   Volumen 8   Volumen 9   Volumen 10

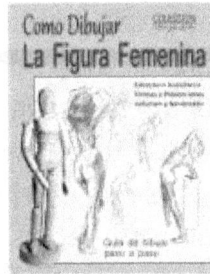 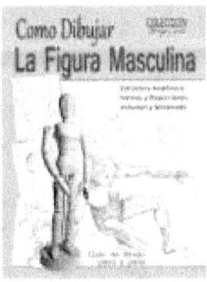 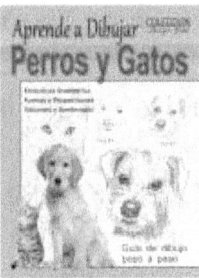 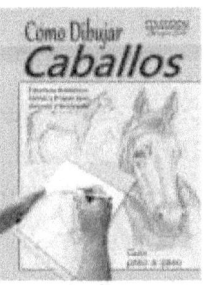 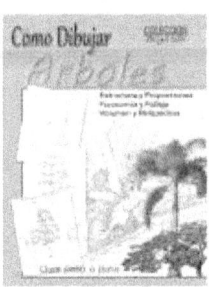

Volumen 11   Volumen 12   Volumen 13   Volumen 14   Volumen 15

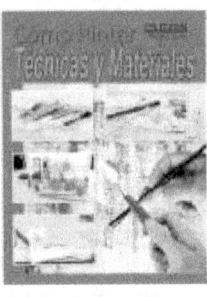 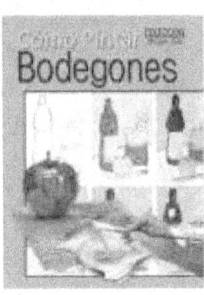 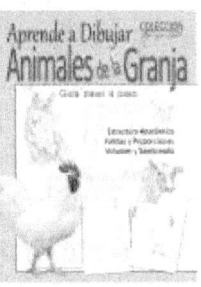 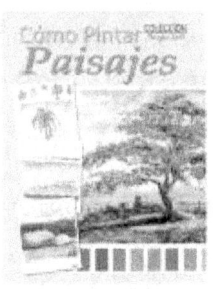 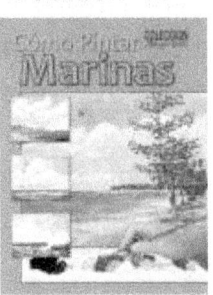

Volumen 16   Volumen 17   Volumen 18   Volumen 19   Volumen 20

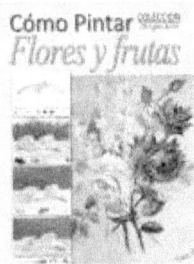 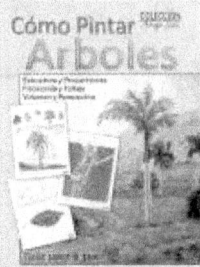 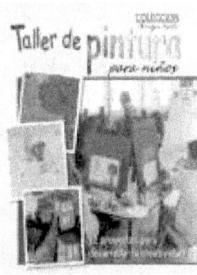 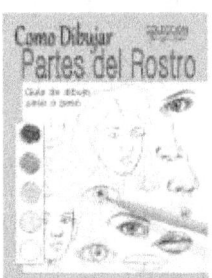 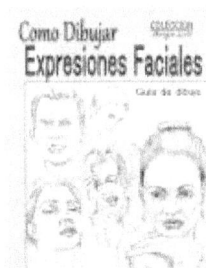

Volumen 21   Volumen 22   Volumen 23   Volumen 24   Volumen 25

www.ingramcontent.com/pod-product-compliance
Lightning Source LLC
Chambersburg PA
CBHW062225220526
45471CB00009B/3351

www.ingramcontent.com/pod-product-compliance
Lightning Source LLC
Chambersburg PA
CBHW062225220526
45471CB00009B/3351